R 2554

TRAITÉ DE L'ESPRIT DE L'HOMME,
ET DE SES FONCTIONS.

Par le sieur CHANET.

A PARIS,
Chez la veuve IEAN CAMVSAT,
ET
PIERRE LE PETIT, Impr. & Lib. ordin. du
Roy, ruë S. Iacques, à la Toyson d'Or.

M. DC XLIX.
AVEC PRIVILEGE DV ROY.

ADVERTISSEMENT.

ON dessein est de traitter en cét Ouurage, les mesmes choses qui ont esté traittées par Aristote en son troisiéme liure de l'Ame, & en son liuret de la Memoire, & de la Reminiscence. Ce sont des sujets, sur lesquels il a eu des pensées merueilleuses: Mais elles sont la pluspart si generales, & si obscures, qu'il y a pres de deux mille ans, que ses Interpretes trauaillent assez inutilement à les faire

ADVERTISSEMENT.

entendre. Ils euſſent bien fait de rechercher en eux-mémes quelles ſont les Fonctions de l'Eſprit de l'homme, & de faire vne Theorie des facultez de leur ame, ſur le modelle qu'elle leur en propoſoit par ſes actions. Ce n'eſt pas que quelques-vns ne s'y ſoient hazardez, auec vn ſucces que i'ay touſiours eſtimé digne de beaucoup de loüange. Fracaſtor s'y eſt, à mon aduis, ſignalé par deſſus tous les autres : Et ſi, par malheur, il ne ſe fuſt point trop attaché à certaines maximes, qui ſont auſſi éloignées de la verité que de l'opinion commune, il nous euſt laiſſé fort peu de choſe à faire. Pour moy, i'ay voulu voir, ſi en ne poſant de fondemés, que ceux

ADVERTISSEMENT.

que l'Eschole a desia establis, & en faisant de ses dernieres conclusions, les premiers principes de mes recherches, ie pourrois apporter quelque esclaircissement à cette doctrine. C'est maintenant aux Lecteurs intelligens, & à ceux qui ont leu les Liures des Philosophes sur cette matiere, de iuger si i'y ay reüssi. Les autres n'en doiuent pas seulement connoistre. On sçait assez que la Physique a des parties, qui pour estre les delices des sçauans, paroissent ridicules aux sens de tous les autres. Ce n'est pas qu'au fond, ces questions ne soient les plus belles, & les plus curieuses de la Philosophie, & que hors les premiers Chapitres, qui ne sont que des

ADVERTISSEMENT.

introductions, ie ne les aye traittées aussi exactement qu'il m'a esté possible. Neantmoins, il y a certains esprits, qui me feront plaisir de divertir leur curiosité ailleurs, & de ne soumettre point à leur censure, ce qui surpasse de bien-loin leur capacité.

Ie ne vous donne icy que la premiere partie de mon dessein. Il me reste de faire le détail de ce que ie n'ay proposé qu'en gros, à la fin du quatriéme Liure: C'est à dire, de toutes les operations de l'entendement de l'homme, & de tous les mouuemens de sa volonté. Cela ne vous doit point faire differer de lire cette premiere partie : Car outre que vous attendriez l'autre fort long-temps,

ADVERTISSEMENT.

ayant apporté tout ce que i'ay peû, de lumiere en celle-cy, elle n'en peut plus receuoir de ce qui me reste à expliquer.

TABLE
DES CHAPITRES
contenus en ce Volume.

LIVRE PREMIER.

DES objets externes, & de leurs especes ou images sensibles, page 1

Des sens externes, pag. 5

Des Esprits du cerueau, qui seruent à la connoissance, pag. 8

Du sens commun, pag. 21

De l'Imagination, pag. 25

Que l'Imagination ne reside pas aux Esprits du cerueau, & qu'ils n'en sont pas le principal organe, pag. 30

TABLE

Quel est le propre organe de l'Imagination, pag. 40

Quel est le temperament de l'Imagination, pag. 45

De la premiere operation de la phantaisie, qui est la connoissance, pag. 50

De la seconde operation de la phantaisie, qui est l'Appetit sensitif, pag. 67

Que ce n'est point dans le cœur, que se forment premierement les passions, pag. 78

Comment se forment les passions, pag. 84

LIVRE SECOND.

Que la Memoire differe de l'Imagination, pag. 94

Que dans le lieu où s'exerce l'Imagination, il se fait quelque retention d'Especes, pag. 104.

Que la retention des Images de la Me-

DES CHAPITRES.

moire, ne se fait pas dans les Esprits, pag. 114

Quel est le propre organe de la Memoire, pag. 121

Quel est le temperament de la Memoire, pag. 124

De la retention des Images, p. 134

Que ce ne sont pas les seules figures des objets qui sont retenuës en la Memoire, pag. 145

Du nombre des Images de la Memoire, contre Fracastor, pag. 152

Que toutes les Images ne se penetrent pas, & ne sont pas dans vn mesme poinct de la Memoire, p. 159

Que les Images se logent par ordre, & par lieux communs, p. 169

Qu'il y a diuerses Images d'vn mesme objet en differents endroits de la Memoire, pag. 178

Comment la Memoire se fortifie, pag. 183

TABLE

Si la Memoire peut eftre deprauée;
pag. 189

LIVRE TROISIESME.

De la Reminifcence en genéral, p. 192
Que les Images ne fortent point de la Memoire, pour faire la Reminifcence, pag. 198
Comment c'eft que les Images de la Memoire font reprefentées à l'Imagination, pag. 203
Pourquoy l'Image que nous cherchons, fe prefente d'ordinaire pluftoft qu'vne autre, pag. 214
De la premiere forte de Reminifcence, pag. 225
De la feconde forte de Reminifcence, pag. 234
De la troifiéme forte de Reminifcence, pag. 243
De la quatriéme forte de Reminifcence,

DES CHAPITRES.
qui est un effet de l'Entendement,
pag. 247

LIVRE QVATRIESME.

Que l'Entendement differe de la Phantaisie, pag. 259

De l'inclination aux nouueautez, & de quelle façon elle procede, p. 268

Du temperament que l'on attribuë à l'Entendement, pag. 282

De l'organe que l'on attribuë à l'Entendement, pag. 290

L'estat de la question entre les Peripateticiens & les Galenistes, en ce qui est de la déprauation des actions de l'Entendement, pag. 298

Examen de l'exemple qu'aporte Galien, pour monstrer que l'Entendement peut estre malade, sans que l'Imagination le soit, pag. 303

Autres reflexions generales sur la mesme

TABLE DES CHAPITRES.

obiection, pag. 310
Response à quelques obiections tirées d'A-
ristote, pag. 317
Examen d'vne obiection de quelques
Modernes, pag. 330
De l'action reciproque de l'Imagination,
& de l'Entendement, pag. 337

Fin de la Table des Chapitres.

TRAITTE'

TRAITTÉ DE L'ESPRIT DE L'HOMME,
DE SES FONCTIONS ET de ses connoissances.

LIVRE PREMIER.

Des objets externes, & de leurs especes ou images sensibles.

CHAPITRE PREMIER.

ENCORE que la connoissance ne consiste pas proprement en l'vnion de l'objet auec la faculté qui connoist, si est-ce qu'elle ne se peut faire sans cette vnion. Mais comme l'experience nous apprend que l'objet externe

A

n'entre point en noſtre corps pour ſe ioindre aux puiſſances de noſtre ame; & que nous ſçauons d'ailleurs que ces puiſſances ne ſortent point de leurs organes pour s'aller vnir à l'objet externe, il faut bien dire que cette vnion n'eſt pas immediate; mais plutoſt qu'elle ſe fait par l'entremiſe de ce que l'on appelle les eſpeces ſenſibles ou intentionelles. On les nomme eſpeces, parce que n'eſtant pas l'objet meſme, elles en ſont ſeulement les reſſemblances, les images, & les apparences. On les nomme intentionelles, parce qu'elles ſeruent à la conception ou connoiſſance, que les Philoſophes des ſiecles barbares appelloient communément l'Intention: De là vient qu'encore à preſent l'Echole diſtingue nos connoiſſances, en premieres & ſecondes intentions, pour dire les premieres & ſecondes conceptions que forme noſtre eſprit ſur l'objet qui luy eſt preſenté. C'eſt pour cette raiſon principalement, que ces eſpeces ont eſté nommées intentionelles, parce, comme i'ay dit, qu'elles ſeruent à la connoiſſance, & qu'elles ne ſont que pour cela. Meſme, ſi nous en voulions croire beaucoup de modernes, ces images n'aufoient rien de réel, & n'auroient autre estre que celuy qu'ils appellent representatif. Quoy qu'il en soit, & de quelque nature que soient ces especes sensibles, il est bien certain qu'il y en a, & l'opinion de ceux qui les ont voulu nier, est maintenant si decreditée, que ce seroit abuser du temps, que de l'employer à la refuter. Pour les conuaincre, il ne faut que les obliger de se regarder au miroir pour y voir refleschir l'image de leur corps. Il y a des miroirs, qui leur feront voir la mesme chose bien plus manifestement, parce qu'ils refléchissent si fort l'espece, qu'ils la repoussent & la r'approchent de l'objet. Les differens vsages des lunettes, selon la difference de leur structure, fournissent tout autant d'argumens en faueur de cette verité. Il y a d'ailleurs peu de personnes qui n'ayent pris plaisir de se trouuer quelquesfois en vne chambre, & d'y boucher toutes les auenuës de la lumiere, à la reserue de quelque petit trou qui responde à vn chemin passant. On voit passer par ce trou grand nombre d'especes qui s'vnissent sans se confondre, & s'eslargissent en suitte sur du papier blanc, ou sur quelque autre

A ij

corps poly. Ie fçay bien que quelquefois vous ne verrez que l'ombre caufée par vn objet interpofé, lequel fe rencontre entre ce trou & les rayons de la lumiere qui en eft refléchie: mais bien fouuent vous difcernez tres-diftinctement les couleurs. Apres tout, ceux qui ont affez de refolution pour nier les confequences que nous inferons de cette forte d'experiences, font capables de tout nier. Ainfi ie ne veux point entrer en conteftation auec eux : Et ie les fupplie tres-humblement de s'arrefter dés icy, parce que tout mon liure fuppofant l'opinion commune des efpeces pour principes, ils n'y trouueroient rien qui fuft capable de les fatisfaire.

Les autres qui font pleinemét perfuadez de la verité de ces efpeces, fouhaiteront, fans doute, que ie leur euffe expliqué icy, quelle eft mon opinion touchant la nature de ces images: Mais parce que la recherche que i'en veux faire, ne peut qu'eftre longue, efpineufe, & capable de rebutter les Lecteurs impatiens, tels que font prefque tous ceux de noftre nation; i'ay creu qu'il valoit mieux traitter cette matiere feparément, & en mettre le difcours à la fin de ce liure.

Des sens externes.

CHAPITRE II.

DE quelque nature que soient les especes, dont nous auons parlé, & quelque incertaine que soit la connoissance que nous en auons, il est pourtant tres-certain qu'elles passent au trauers des sens externes, qui sont comme tout autant de fenestres par où l'ame considere ce qui se passe au dehors. Platon s'estoit imaginé, qu'il n'entroit rien par là, qui ne fust desia dans l'entendement: & que les images exterieures ne seruoient qu'à exciter quelques autres, qu'il disoit estre naturellement imprimées en nostre memoire. Aristote tout au contraire, a voulu que nostre Ame fust comme vn papier blanc, où il n'y eust rien escrit, que ce que les objets internes y ont imprimé. Et à dire vray, s'il me falloit necessairement choisir l'vne ou l'autre de ces deux extremitez, ie me ietterois sans deliberer, dans celle où le dessein de contredire Platon, a fait precipiter le iugement d'Aristote. Il est neantmoins fort veritable, que nostre entendement a quelques autres idées que celles que luy fournissent les sens. I'ay parlé ailleurs de celles qui sont infuses, & monstré que nous en auions de Dieu, de sa Puissance, & de sa Sagesse, aussi bien que des premiers principes des sciences, & des premieres maximes de vertu. I'ay aussi fait voir, que tout ce que les esprits forts du siecle objectent à l'encontre, ne merite pas qu'vn homme sage s'y arreste. I'ay de mesme prouué en quelque autre endroit, ce que ie seray encore obligé de prouuer plus exactement cy-apres, que nostre entendement adiouste diuerses choses aux especes qui luy viennent des sens, ie l'ay monstré par l'exemple des affirmations que nostre Esprit fait de quelque chose ; car puis que cette affirmation ne se rencontre point dans l'espece exterieure, ni dans l'action des sens exterieurs, il faut bien qu'elles y soient adiouftées par quelqu'vne de nos facultez internes, & que ce soit l'entendement qui fasse cette addition ; car l'imagination estant enseuelie dans sa matiere, ne peut faire d'actions qui ne soient materielles. Il est encore plus clair, que les negations ne sont point representées par l'espece sensible, & que ce sont de pures productions de nostre esprit, qui les adiouste à la connoissance des sens.

Cette verité se trouuera encore plus euidente, si vous considerez de quelle façon se forme la troisiéme operation de nostre entendement, & qu'en tous ses raisonnemens il adjouste de nouuelles connoissances à celles qu'il a receuës des obiets externes, & qu'il ne se sert des Images qu'ils fournissent, que pour en tirer des consequences, & former les Images qu'ils n'ont pas peu fournir. Enfin, ceux qui ont fait quelque reflexion sur vne connoissance, & qui se souuiennent de l'auoir faite, doiuent necessairement auoir dans leur esprit quelque espece de cette reflexion, qui soit distincte de celle de l'obiet. Autrement s'il ne leur en restoit aucune Image en la memoire, ils ne se pourroient iamais souuenir d'auoir formé cette reflexion.

Ie n'apporte point icy tout ce qui se peut dire sur cette matiere, parce que ce n'est pas le lieu de la traitter à fonds, & ne touche point à tant d'autres questions qui concernent la doctrine des sens externes, parce qu'elles ont esté exactement traittées par d'autres. Ie ne veux esclaircir de difficultez, que celles qui ont esté negligées par ceux qui ont escrit cy-deuant la Theorie des facultez de nostre Ame; & si i'ay parlé icy des sens externes, ce n'a esté simplement, que pour marquer l'ordre de nos connoissances, & pour insinuër en passant qu'elles commencent par les sens, & que c'est par là qu'il faut que toutes les Idées soient formées ou excitées, deuant que nostre Esprit les puisse connoistre.

Des Esprits du cerueau, qui seruent à la connoissance.

CHAPITRE III.

ENCORE que les sens externes soient les canaux que la Nature a formez pour le passage des Esprits, si est-ce qu'elles n'y feroient aucune impression sensible, si nostre Ame n'enuoyoit les Esprits du cerueau dans les organes des sens exterieurs, pour y receuoir ces Images, & les transporter au sens commun, & aux autres facultez interieures. Ce terme d'Esprit ne signifie en sa signification originelle que de l'air, ou du vent. Ainsi il conuient tres-proprement aux Esprits du cerueau, puis qu'ils ne sont composez que d'air, & de la plus subtile vapeur du sang des arteres; cette etymologie n'a pourtant peu empescher qu'en toutes les langues qui me sont connuës l'on n'ait donné ce nom à certaines substances, qui ne sont ni air, ni chose qui en approche, puis qu'elles sont absolument incorporelles. Nous appellons les Anges des Esprits, & appellons Esprit de l'homme l'Ame immaterielle que Dieu luy a donnée. Ce n'est pas seulement la substance de l'Ame, que l'on appelle Esprit de l'homme, ce sont aussi quelques-vnes de ses facultez, & particulierement nostre entendement, que nous designons ainsi, parce que l'vsage ayant obtenu que les choses qui n'ont point de corps, & qui sont destachées de la matiere fussent nommées spirituelles : il n'y a point de faculté en l'homme qui merite si bien ce nom, puis-qu'il n'y en a point de si indépendante du corps, ni qui s'éleue si haut au dessus de la matiere. Cependant, i'ay remarqué qu'en nostre Langue, lors qu'on nous parle d'Esprit, nous n'entendons que l'imagination, encore que ce soit vne faculté corporelle, & qui doit à la matiere tout ce qu'elle a de subsistence & d'action. Ainsi auoir de l'Esprit en François, c'est auoir de l'imagination seulement : & auoir l'Esprit subtil, c'est auoir l'imagination viue & agissante. Pour moy, quelque desir que i'eusse de corriger cet abus, ie ne gagnerois rien sur vn vsage si vniuersel, & sur vne prescription de tant de siecles. Ainsi ie me seruiray de ce terme d'Esprit de l'homme, non seulement pour parler de l'entendement, mais aussi pour designer les autres fonctions de l'Ame, qui seruent à la connoissance. Et lors qu'il sera question de cette vapeur du sang, & de ce corps subtil qui s'engendre au cerueau pour seruir aux facultez, ie l'appelleray les Esprits au pluriel, sur tout, en tous les endroits où si i'en vsois autrement, il pourroit naistre quelque confusion. Cela peut arriuer d'autant plus facilement, que nous auons en France vne secte de gens, qui connoissent si peu nostre ame, & ses fonctions, qu'ils confondent grossierement tout cela auec les Esprits du cerueau; & comme c'est le propre de l'ignorance de rendre les hommes fort hardis, ils definissent l'Ame auec plus d'asseurance, que s'ils en auoient estudié la nature, & disent hardiment qu'elle n'est qu'vne vapeur. Ie feray voir cy-apres combien cette opinion est ridicule : Mais maintenant il se faut arrester aux veritables vsages qu'ont les Esprits animaux. Le premier est de prendre les especes sensibles dans les organes externes, & de les porter au cerueau. Ie ne voudrois pourtant pas asseurer, que cela se fist de la mesme façon que l'enseigne l'opinion commune. Car encore que nous luy accordions, que les sens demeurõt interdits & priuez de toute action, lors qu'ils sont priuez de l'influence de ces Esprits, comme lors que les maladies & les fortes meditations les retiennent au dedans, & empeschent qu'il ne s'en fasse vne irradiation cõtinuelle dans les organes externes: neantmoins, nous ne luy accordons pas que les Esprits retournent au cerueau, pour y porter l'espece que les objets leur ont enuoyé. Ce retour n'est pas vne chose necessaire; car comme il y a vn rayon d'Esprits, qui est continué depuis l'œil iusques dans le cerueau, les especes peuuent bien penetrer au trauers de ce rayon, de la mesme façon qu'elles ont penetré au trauers de l'air, pour se rendre dans l'œil. Et comme il n'est pas besoin que l'air qui touche l'objet, se remuë, & apporte l'espece iusques dans l'œil; de mesme ce pretendu mouuement des Esprits n'est pas necessaire pour communiquer l'espece au cerueau, parcequ'elle est de nature à s'estendre, tant qu'elle trouue vn sujet capable de la receuoir. Or est-il que les Esprits sont propres à cela: ainsi l'espece se multiplie & s'estend iusques à ce qu'elle soit arrestée & reflechie par la solidité du cerueau. S'il n'y auoit pas vne continuation d'Esprits depuis le cerueau iusques dans l'œil, l'opinion que ie refute seroit bien fondée: Mais il est du flux des Esprits comme des rayons du Soleil, dont toute la lumiere cesse si le rayon n'est continué : de mesmes les Esprits qui sont dans les organes externes cessent d'agir & d'estre ce qu'ils sont, s'ils perdent pour vn moment l'influence de leur origine. Il seroit aussi à craindre qu'il n'arriuast de la confusion entre les Esprits qui sortent du cerueau pour aller querir des especes, & ceux qui y r'entrent pour en porter. Et comme leur passage est merueilleusement estroit, cette communication ne se pourroit faire qu'à reprises, & nous ne verrions vn obiet que par interualles, quelque attention qu'y peust auoir nostre veuë, c'est à dire que nous ne le verrions que lors que l'Esprit iroit au cerueau, & ne le verrions point lors que cét Esprit retourneroit dans l'œil. Il n'y a point d'apparence, que cela se puisse faire en mesme temps par diuerses fibres d'vn mesme nerf, ni que la Nature ait voulu donner tant de fatigue aux Esprits, & qu'elle n'ait pas consideré que leur subtilité y occasionnoit assez de dissipation sans qu'ils fussent encore dissipez par vn mouuement reciproque, qui n'est pas necessaire pour le sentiment, comme ie l'ay desia montré. Nous verrons encore, peut-estre, cy-apres, que les Esprits n'ont au deuant des obiets agreables, qu'ils s'y portent auec impetuosité, qu'ils s'y attachent & s'y collent par vne si forte sympathie qu'il n'est guere aisé de croire qu'apres s'estre approchez de cet obiet, ils s'en puissent esloigner pour en porter l'Image au cerueau.

Ce raisonnement n'est pourtant qu'vne coniecture: mais il est constant que les Esprits sont au regard des especes dans nos organes, ce qu'est l'air illuminé aux especes visibles. Nous sçauons qu'il n'en est pas seulement le sujet, le milieu, & le vehicule, comme on parle en cette matiere: mais que c'est luy qui les rend visibles par sa lumiere: Il ne peut estre obscurcy, ou trop agité par le vent, qu'il n'arriue du trouble au iugement que la veuë fait de ses obiets. Il en est de mesme des Esprits dans le cerueau qui troublent & empeschent la connoissance, lors qu'ils sont obscurcis par des fumées & des nuages qui en estouffent la lumiere.

Quand ie parle de lumiere, ie croy parler tres-proprement, & qu'en effet nos Esprits sont lumineux. Ie ne croy pas que personne le vouluft nier, ni que l'on peust s'imaginer que les escailles des poissons, & les ventres de quelques insectes possedassent cette qualité celeste, & que neantmoins, les hommes en fussent depourueus. Ils perdroiët à cét esgard le nom qu'on leur a doné de Petit-monde, & l'opinion qu'ils ont de posseder toutes les bonnes qualitez du Grand-monde. Nous auons, à ce que disent les Philosophes, vne substance celeste, qui est de mesme nature que les Astres, & qui fait vne partie de nostre corps. Quand nous ne l'aurions pas, le feu elementaire, qui predomine en la composition de nos esprits, suffiroit pour en produire la lumiere. Cette lumiere se voit dans les yeux des chats, & de diuers autres animaux qui voyent la nuit. Il s'est trouué des hommes, qui durant les nuits les plus obscures, discernoient les objets immediatement apres estre esueillez; parce que les Esprits estans refaits du sommeil, auoient plus de force & de vigueur. Les histoires en sont si communes, qu'il n'est pas necessaire que ie les apporte en cét endroit. Tous les hommes qui ne sont point aueugles, voyent la nuit quelque sorte de lumiere, encore qu'elle ne soit pas assez grande pour leur faire rien discerner. Ie connois des hommes, qui ayans perdu la veuë dans l'aage de connoissance, m'ont plusieurs fois asseuré depuis, qu'il n'estoit pas conceuable à d'autres qu'aux aueugles, que l'aueuglement causast vne si grande obscurité. Il n'y a point, disent-ils, de cachot, ni de nuit si obscure, qui ne laisse quelque degré de lumiere aux yeux de ceux qui n'ont pas perdu la veuë. Ils disent aussi, que depuis leur aueuglement, ils songent souuent en dormant, qu'ils voyent vne grande lumiere. Cela arriue à tous les hommes, & plus souuent à ceux qui ont esté aueuglez, parce qu'ils pensent souuent de iour à la perte qu'ils ont faite: ou plustost parce que leurs Esprits ne se dissipant plus par la veuë, ils deuiennent plus abondans, plus lumineux, & plus propres à representer vn grand iour. La mesme chose, arriue sans doute, à ceux qui sont nez aueugles: de sorte que s'ils estoient gueris de leur aueuglement, ils ne seroient pas si surpris de la veuë de la lumiere comme l'on croit, parce qu'ils se souuiendroient que c'est la mesme qualité que leur imagination leur auoit si souuent representée en dormant. Et s'il est vray ce que disent les Medecins, qu'vn cerueau rempli de sang donne de la rougeur à tous les objets qu'il voit durant le sommeil, que les melancholiques ne songent d'ordinaire qu'à des choses noires, & que les autres

humeurs

humeurs communiquent leur couleur à toutes les images qui sont représentées en songe: Si cela, dis-je, est veritable, comme ie n'en doute point, ie ne sçaurois douter aussi que ces aueugles ne reconnussent que le rouge, le noir, & les autres couleurs des humeurs, ne leur estoient pas des choses inconnuës durant leur aueuglemét. Ce n'est pas qu'ils peussent dire sans instruction, cela est noir, parce qu'ils ne sçauent pas que les hommes le nomment ainsi: Mais ils diroient bien qu'ils ont autre-fois songé à des hommes qui leur sembloient estre de cette couleur ou de quelque autre. Et peut-estre qu'vn Aueugle qui auroit de l'esprit, & qui auroit appris que la tristesse cause de noires visions en dormant, pourroit coniecturer par là que c'est que noirceur, & qu'il n'auroit pas besoin devoir pour l'apprendre.

Il n'y a pas en cela grandè difficulté. Il y en a encore moins à répõdre à certains Esprits forts, qui demandent comment cét Aueugle de l'Euangile pouuoit reconnoistre qu'il voioit des hommes, & dire qu'ils luy sembloiét de loin comme des Arbres, puis qu'il n'auoit iamais veû ni hommes ni Ar-

B

bres? Ie respons, que l'Euangile ne dit point que cét homme fust né aueugle. Secondement, que quand il n'eust iamais veu ni hommes ni arbres, il n'eust pas laissé de sçauoir de quelle figure ils estoient, parce qu'il en auoit souuent manié, & que la figure est aussi bien vn obiet du toucher que de la veuë, & se discerne par l'vn & l'autre de ces deux sens. Si ie n'auois iamais manié de luth, & que i'en eusse seulement veu, i'en recônoistrois vn les yeux bandez par le seul attouchement. De mesmes nous recônoissons de iour les choses que nous auons touchées la nuit, & discernons par la veuë ce que nous n'auions connu que par le seul attouchement. D'où on voit combien est impertinente l'obiection des Esprits forts contre cette histoire de l'Euangile.

Ce n'est pas seulement durant le sommeil, que nous pouuons connoistre que nos Esprits sont lumineux : car tous ceux qui reçoiuent quelque coup vn peu violent sur les yeux, voient certaines estincelles qui ne sont que l'esprit visuël condensé par cette compression. Il ne faut pas s'estonner si la lumiere des esprits est moins visible lors qu'ils ne sont pas condensez, puis-que le feu qui est plus lumineux que ces esprits, cesse d'estre veu lors qu'il est fort subtil. Nous remarquons la mesme chose plus distinctement lors que nous nous pressons les yeux auec les doigts durāt quelque espace de temps, ce qui nous fait voir vne grande lumiere.

Cette lumiere des Esprits sert beaucoup à l'Imagination, & lui aide à discerner les Especes, & à les trouuer dans la memoire; De là vient que toutes les fois que ces Esprits sont obscurcis par quelque vapeur melancholique, ou qu'ils sont affoiblis par quelque maladie, toutes les Especes demeurent enseuelies en la memoire, & n'y paroissent non plus que si elles estoient perduës. I'en apporteray quelques histoires cy apres, & entr'autres celle d'vn sçauāt homme, qui perdit en mesme temps sa liberté, vne grande partie de son bien, & vn fils qu'il aimoit beaucoup: ces afflictions lui furent si sensibles, qu'il creut durant quelques iours qu'elles lui auoient fait perdre la memoire de tout ce qu'il sçauoit, parce que les esprits accablez de tristesse n'y reluisoient pas assez pour rendre visibles les images qui y estoient.

B ij

Outre cette lumiere des Esprits qui est de mesme nature que celle du feu & du Soleil, il faut qu'ils ayent encore quelque autre qualité, que l'on peut nommer lumiere par Analogie, parce qu'elle fait le mesme effect au regard des autres especes sensibles, que fait la lumiere proprement ditte telle, à l'esgard des Especes visuelles : car la lumiere ne peut tout au plus seruir à l'Imaginatiõ qu'au discernemẽt des Especes visibles; Il faut vne autre qualité aux Esprits, pour discerner les sons, les saueurs, & pour les rendre sensibles. On peut encore monstrer autrement, que les Esprits ont quelque proprieté particuliere, qui est differente de la lumiere, de la subtilité, & des autres qualitez qui nous sont connuës : parce que toutes ces qualitez se rencontrant dans la matiere dont ils sont composez, & luy estant communes auec quantité d'autres choses, il faut qu'ils ayent vne qualité qui leur soit propre & qui les distingue de tout le reste. Cette proprieté est vn effect, ou plutost vne vertu emanée de la forme substantielle de ces Esprits, & du caractere qu'ils ont receu dans le cerueau : Elle est aussi inexplicable que les autres proprietez specifiques, qui ne se cōnoissent que par les effects. On ne lui a point encore donné de nom que ie sçache, & il seroit impossible de luy en donner vn qui luy fust propre: c'est ce qui m'oblige de l'appeller d'vn nom metaphorique, qui est celui de lumiere, iusques à ce que l'on m'en designe vn autre qui lui conuienne mieux.

Outre ces deux vsages des Esprits, qui sont de porter les Especes dans le cerueau & de les y illuminer, on leur en attribuë encore quelques autres, comme ceux de les connoistre & de les conseruer. C'est ce que nous examinerons cy-apres, en parlant de l'Imagination & de la Memoire.

Du sens commun.

Chapitre IV.

La premiere faculté interne où les Especes sont portées par les Esprits, s'appelle dans les Eschoses le sens commun : Elles n'entendent pas par ce terme, ce que vulgairement nous appellons ainsi en nostre langue. Le sens commun en François n'eſt autre choſe que la Raiſon qui eſt commune à tous hommes. Quelques-vns l'appellent le ſens naturel, d'autres le nomment la Logique naturelle, l'oppoſant aux maximes artificielles, qui s'enſeignent à l'Eſchole ou qui ſe forment par habitude. En effect, comme les Sciences r'affinent l'Eſprit de l'homme, & que les affaires luy forment le iugement, il ſemble que les habiles gēs ayent vn ſens qui leur eſt particulier, qui les releue au deſſus du commun, & les rend plus clair-voyans que ceux qui ne ſont conduits que par la lumiere de la Nature. Ainſi comme nous diſons qu'vn homme a du ſens, & qu'il eſt bien-ſenſé, pour dire qu'il a de la Raiſon, & qu'il eſt fort raiſonnable, il ne faut pas s'eſtonner, ſi nous appellons noſtre raiſonnement naturel le ſens commun, & ſi nous l'oppoſons aux connoiſſances qui viennent de l'experience ou de l'eſtude.

Quelquesfois nous n'entendons par ce terme de ſens commun, que ce que nous nommons autrement les ſentimens de la Nature, c'eſt à dire les lumieres naturelles, qui ſont reſtées à l'homme apres le peché; Et nous diſons qu'vne choſe ſe iuge par le sens commun, lors que nous la iugeons par ces principes communs & naturels, & que nous n'y emploions point d'autre lumiere que celle de la Nature.

Ce que l'Eschole appelle sens commun est fort different de toutes ces choses : c'est ce qu'Aristote dit estre le principe de tous les sens externes, ce qui est comme le cétre où aboutissent tous leurs rapports, & toutes les Especes dont ce sens interne fait le discernement. Ie ne sçay si c'est tout de bon qu'Aristote luy attribue la vertu de faire des affirmations, & qu'il luy fait dire & affirmer, que la douceur & la blancheur sont des choses differentes. Mais ie sçay bien que si cela est, on ne sçauroit excuser Aristote, & il faut auouër que pour auoir voulu trop distinguer ce sens commun d'auec les sens particuliers, il lui attribuë vne vertu qui est propre à l'entendement, comme nous verrons ailleurs. Mais (direz-vous) comment est ce que le sens commun peut autrement discerner la difference des qualitez sensibles? Ie respons, que ce sens commun ne differe des sens externes, sinon entant qu'il connoist plus de differences qu'aucun d'entr'eux, parce qu'il en cōnoist

B iiij

tout autant luy seul, que tous les autres ensemble en peuuent connoistre. Mais il n'en differe point en ce qui est de sa façon d'agir; Et il ne discerne la douceur d'auec la blancheur, que comme l'œil discerne le blanc d'auec le noir. Pour faire ce discernement, il n'est pas necessaire que l'œil dise, le blanc n'est pas noir. Il suffit qu'il soit autrement meu par la blancheur que par la noirceur, que l'vne lui dilate la prunelle, & que l'autre la resserre. De mesmes les figures, les nombres, & les mouuemens font de differens effects que la veuë discerne fort bien, sans affirmer qu'ils sont differens. Ce qui suffit, pour monstrer que le sens commun peut bien faire le mesme discernement, sans faire d'affirmation.

Au reste, nous ne receuons ce sens commun pour vne faculté distincte de l'Imaginatiue, qu'à cause du respect que nous portons à l'authorité d'Aristote : car si vous prenez la peine d'examiner la necessité de cette distinction, & la difference qui peut estre entre ces deux facultez, vous trouuerez qu'il n'y en a point: de sorte qu'en expliquant cy-apres toutes les operations de nostre Esprit, ie ne feray aucune mention de cette faculté, non plus que de l'Estimatiue, l'ayant refutée fort au long dans les Considerations que i'ay faites sur la Sagesse de Charron.

De l'Imagination.

CHAPITRE V.

LEs images estant portées au trauers des Esprits, iusques dans les ventricules interieurs du cerueau, excitent la faculté qui y reside. On la nomme Imagination, à cause qu'elle reçoit, & qu'elle discerne les images de tous les sens externes. Ce n'est que pour elle que les organes exterieurs en font la recepte. C'est pour elle aussi que la Memoire en fait la reserue, afin de luy rendre, & lui en faire de nouuelles representations. Les Grecs la nomment phátaisie, & appellent ses images des phantosmes. Aristote tire l'etymologie de ces noms d'vn mot qui signifie lumiere, à cause (dit-il) du rapport de la phantaisie auec la veuë qui est le plus excellent de tous les sens externes. Peut-estre qu'il veut dire que le toucher estant le moins noble de tous les sens, parce qu'il approche fort de la nature des facultez vegetatiues ; la veuë au contraire doit estre le plus excellent de tous les sens, parce qu'estant plus esloignée qu'aucun, de la nature de ces facultez vegetantes, elle doit auoir plus de rapport auec les plus hautes facultez de l'Ame sensitiue qui resident dans le cerueau. Ainsi les façons de parler qui sont empruntées de la veuë, sont les plus propres que l'on puisse emploier pour exprimer la nature de l'Imagination : parce qu'aussi bien cette fonction de l'Ame se trouue si peu expliquée par les Philosophes, que pour en parler, il se faut necessairement seruir de termes qui soient empruntez du sentiment exterieur dont la nature a tousiours esté exactement recherchée. Secondement, puis qu'il n'y a point de sens externe, qui iuge de tant de sortes de differences d'objets que fait la veuë, il n'y en peut auoir aussi qui ressemble si fort à la phantaisie qui iuge de tous les objets sensibles & de toutes leurs differences. Ces deux facultez se ressemblent encore au regard de leur temperament, qu'elles ont l'vne & l'autre chaud & humide. Ie le feray voir cy-apres de l'Imagination, n'estant pas besoin que ie m'arreste à prouuer que les yeux ont beaucoup d'Esprits & de feu meslé parmy les humeurs qui les cōposent; La veuë participe si fort de ce feu, qu'elle ne reçoit pas seulement les Especes comme font les autres sens externes ; mais elle va comme au deuant, & les esclaire par la lumiere de ses Esprits, de la mesme façon que l'Imagination agit à l'esgard de ses Images. En fin, il faut qu'il y ait vn grand rapport entre ces deux facultez, puis-qu'il semble que l'Imagination s'estend iusques dans les yeux, qu'elle s'y fait voir, & qu'elle y fait monstre de toutes ses qualitez. De là vient que pour bien iuger de l'Imagination d'vn homme, il n'y a point de signe si asseuré que les yeux: s'il les a vifs, il a du feu & de la viuacité dans son Imagination. Il en est ainsi des autres qualitez, sans qu'il soit besoin de les articuler toutes. Et ie n'ay apporté cecy, que pour iustifier les façons de parler dont ie me seruiray cy-apres, lors que i'expliqueray les actions de l'Imagination par celles de la veuë, & que ie diray que la phātaisie voit les Especes, & qu'elle lit dans la Memoire.

Ce terme de phantaisie a presque changé de signification en nostre langue ; ce n'est quasi plus vne des facultez de nostre Ame que nous appellons ainsi, ce n'est qu'vne pensée forgée en nostre Esprit sans aucun veritable fondement. Et peu s'en faut que le terme d'Imagination ne se prenne au mesme sens. Entre nos Escriuains, il s'en trouue quelques vns qui font difference entre l'Imaginatiue & l'Imagination, & qui n'appellent Imagination que l'action de la faculté Imaginatiue. Neantmoins, parce que cette distinction n'est pas bien establie, ie ne fais pas dessein de m'y assujettir, ni de prendre le mot de phantaisie au sens que le peuple le prend, encore que ie sçache bien qu'il est le Maistre des mots, & qu'il en fait valoir la signification malgré la resistence de ceux qui en sçauent l'origine. I'ay remarqué cy-deuant, que cette faculté est proprement ce que beaucoup de gens appellent l'Esprit, les Latins l'appellent *Ingenium*, d'où nos Peres firent le mot d'*engin*, que nous auons changé pour celuy de *genie*; de sorte que n'auoir point de genie parmy nous, c'est n'auoir point d'Imagination ; Et auoir vn grand genie, c'est auoir beaucoup d'Imagination. I'expliqueray ces differences plus au long en mon traitté de la diuersité des Esprits: Mais maintenant ie ne traitte de l'Esprit de l'homme, que comme il se rencontre, ou du moins comme il se doit rencontrer en tous les hommes.

Personne, que ie sçache, n'a reuoqué en doute, qu'il n'y eust au dedans de tous les animaux vne faculté qui receust les Images de tous les sens externes, & qui les discernast; Ainsi il n'est pas besoin de prouuer l'existence de cette faculté. Elle se manifeste assez par les operations de l'appetit sensitif, & de la vertu motiue, qui se rencontrent en tous les Animaux, iusques aux insectes & aux zoophytes. D'où vient que ie ne comprens pas pour quelle raison les Maistres de la Philosophie ont nié que les Mousches eussent vne phantaisie, veu qu'elles en ont l'organe qui est le cerueau, & qu'elles en ont aussi les actions. Ie n'insiste point là-dessus, parce que ie n'ay dessein de parler que de l'Imagination de l'homme, qui n'est pas vne faculté laquelle lui soit contestée.

Que l'Imagination ne reside pas aux Esprits du cerueau, & qu'ils n'en sont pas le principal organe.

Chapitre VI.

Ie ne trouue rien de si importun, que le procedé de ceux qui ne sçauroient parler des operations de nostre Ame, ni du reste de la Physique, sans se seruir de certaines distinctions qui sont fort subtiles & fort delicates. Pour moy, ie ne me sers iamais des abstractions de Logique pour expliquer vne Science, dont toutes les preuues doiuent estre sensibles & naturelles. Ainsi ne trouuez point estrange, si ie ne distingue point ici l'organe principal d'vne faculté, d'auec la faculté mesme. Ie ne sçaurois croire qu'il y ait de difference entre les yeux, & la faculté de voir : parce que ie sçay qu'auoir cette faculté, c'est auoir des yeux : & que qui a des yeux, a necessairement cette faculté. Ce que nous appellons l'œil d'vn corps mort, n'en est que la plus grossiere partie; dautant que l'Ame & les Esprits y manquent, qui sont en vn homme viuant la plus noble partie de cette composition. Parmy les aueugles ceuxlà seulement ont des yeux. qui n'en ont perdu que l'action par quelque obstacle, qui trauerse l'action sans blesser la faculté: c'est à dire que leurs yeux ont toutes les parties qui sont necessaires à leur integrité, auec l'ordre, & le temperament qui y sont necessaires. Il en est de mesme de tous les autres organes, & vous n'y sçauriez monstrer vn defaut, qui ne soit commun auec la faculté: ni trouuer aucun vice en la faculté, que l'organe ne soit défectueux. Or est-il que si c'estoient deux choses differentes, elles auroient leurs défectuositez. Ce qui ne se rencontrant iamais, il faudroit estre bien-fin pour trouuer de la distinction entre vn organe & sa faculté, pourueu que l'on demeure dans les bornes de la Physique. Parmy les instrumens insensibles c'est toute la mesme chose. Les facultez des instrumens de Musique sont les instrumens mesmes; Il n'y a en cela aucune exception, & il n'y en peut auoir; de sorte que quand nous disons que l'Imagination reside en quelque partie de nostre corps, nous n'entendons autre chose, sinon qu'il y a vne certaine partie de nostre corps qui reçoit les Images des sens externes, qui les discerne, & qui fait les autres fonctions qui conuiennent à la phantaisie.

Personne ne doute plus, que tout cela ne se fasse dans la teste: Mais il y a lieu de douter si c'est dans les Esprits que reside cette faculté, ou bien dans la substance du cerueau. Pour moy, ie suis en cela, comme en quasi tout-autre chose, de l'opinion la plus commune. Premierement, ie n'ay iamais peû me persuader que les Esprits fussent animez, ni qu'à proprement parler ils fissent partie de nostre corps. Et ie ne voy pas que ceux qui ont entrepris de leur attribuër vne vie, ayent bien reüssi à la soustenir, ni qu'ils ayent peû se défendre de ce que les Medecins leur ont obiecté.

Secondement, si les Esprits estoient l'organe principal de l'Imagination, ou l'Imagination mesme, par tout où seroient ces Esprits ; là seroit aussi l'Imagination: Ainsi l'Imaginatiue auroit autant d'estenduë que

que tout nostre corps, parce que les Esprits sont distribuez par les nerfs iusques aux extremitez de ce corps, & dans toutes ses parties. Partant nostre Ame imagineroit dans les talons: Il ne seroit point besoin que les Especes fussent portées au cerueau, pour y estre discernées: Il n'y auroit point de difference entre les sens externes & les internes, & l'Imagination ne seroit point distincte de l'attouchement.

Ie ne voy pas mesmes, que cette opinion laisse aucune distinction entre les sens externes. Car à quoy bō cette diuersité, puisque les Esprits qui sont dans vn chacun des sens, ont la vertu de discerner toutes sortes d'objets? S'ils ne l'ont pas, ils ne sont pas l'Imagination: parce que l'Imagination iuge de toutes sortes d'objets indifferemment, & les discerne en quelque lieu qu'elle se rencontre. On ne peut pas répondre, que les Esprits des sens externes different entr'eux, ni qu'ils sont differens de ceux du cerueau; dautant qu'on sçait bien que tous ces Esprits sont homogenes; qu'ils s'engendrent en vn mesme endroit, & de mesme matiere. D'ailleurs, nous sçauons par experience, que dans le mesme moment que l'Esprit vient du cerueau dans l'organe exterieur, il se trouue aussi vtile aux actions de cét organe, que s'il y auoit sejourné quelque temps. Ce qui mõstre, qu'il ne reçoit point d'alteration dans l'organe exterieur. On peut encore monstrer par autre voye, que les Esprits du cerueau, & ceux des sens exterieurs sont de mesme nature ; C'est en considerant que toutes les fois que l'Imagination est fort attentiue à la meditation, elle retire à soy tous les Esprits des organes exterieurs ; & que quand vn sens externe est fort occupé au discernement d'vn objet, tous les autres sens externes demeurent comme interdits ; Ce qui fait voir que l'Esprit visuël est absolumẽt le méme que celuy de l'oüye, & que celuy des autres sens. Mais, direz-vous, comment est-ce qu'vne nature homogene peut seruir à cinq differentes operations ? Ie répons, qu'en effect il ne leur pourroit pas seruir d'organe ; mais qu'il peut bien leur seruir de milieu, qui est le principal vsage des Esprits. Et comme vn mesme air sert de milieu & de vehicule aux odeurs, aux sons, & aux couleurs ; Il ne faut pas s'estonner, qu'vn mesme Esprit serue de vehicule & de milieu à toutes ces qualitez, & à quelques autres.

Quand il n'y auroit aucune distinction entre les sens; que tous les internes, & tous les externes ne seroient qu'vne mesme chose, les Esprits n'en pourroient pas estre l'organe, pour la mesme raison que ie viens de dire, & à cause qu'ils sont homogenes. Adressez-vous (ie vous prie) à Galien & aux autres Medecins, afin d'apprendre d'eux, que tout sentiment est vne actiō composée de diuerses parties, & qui requiert vne disposition organique, & qui ne soit pas vniforme, comme est celle des Esprits: Et ne trouuez pas estrange, si ie vous renuoye quelquesfois aux liures des Medecins, & des Philosophes. Ie n'aurois iamais fait s'il me falloit prouuer tous les principes dont ie me sers. Il me suffit que ie ne les emprunte que des opinions les plus communes, & que par tout ie ne suppose rien dont ie n'aye leu les preuues, & les demonstrations physiques, que i'allegueray s'il est besoin, & s'il se trouue quelqu'vn qui me veüille contester la verité de mes fondemens.

I'auois commencé à dire que les Esprits

estás homogenes, ne pouuoient pas suffire pour aucune operation de l'Ame sensitiue. J'adjousteray maintenant, que s'ils eussent esté suffisans pour l'exercice de l'Imagination, la Nature n'eust point fait dans le cerueau vne conformation si artificieuse. A quoy bon tant de cauitez, tant de tuyaux, tant de tresses & d'eminences? Il n'y eust fallu que deux cauitez comme dans le cœur, dont l'vne eust seruy à contenir les Esprits, l'autre en eust contenu la matiere. De mesme, si la doctrine de ceux que ie refute estoit veritable, il n'eust fallu pour les sens externes, que des trous & des canaux, par où les Images se peussent ioindre aux Esprits: Et il ne falloit point que la Nature formast l'œil & l'oreille auec des artifices si delicats, ni qu'elle fist ailleurs tant d'organisations differentes.

En quatriéme lieu, les Escholes ont remarqué, & tiennent pour maxime qui ne reçoit point d'exception, que toute action peut-estre restablie pourueu que la faculté subsiste; Mais qu'vne faculté estant perduë, ne se repare iamais, non plus que son organe principal. Cette maxime seroit pourtant fausse, si les Esprits du cerueau ne differoient point de ses facultez, ou qu'ils en fussent le subjet & l'organe principal. Car nous sçauons qu'ils se perdent dans les syncopes, & qu'il n'en reste ni atome, ni apparence. En cét estat il faudroit que le cerueau fust absolument priué de ses facultez, & qu'il reuint de cette priuation; ce qui est contre les regles. Il s'ensuiuroit aussi que le cerueau seroit mort, & sans Ame, tout autant que dureroit la syncope, si l'opinion des Esprits forts estoit veritable, & si l'Ame n'estoit rien autre chose que ces Esprits. De mesme, toutes les parties exterieures de nostre corps mourroient, toutes les fois que les Esprits seroient perdus ou retenus au dedans. Elles ressusciteroient aussi, apres que ces Esprits seroient reparez par vne nouuelle generation. Concluons donc, que les facultez sont quelque chose de plus fixe, & de plus durable que ces vapeurs, & qu'encore qu'elles soient interdites, & qu'elles demeurent sans action, elles subsistent durant ces interualles, & paroissent en suitte ce qu'elles estoient auparauant. C'est le cerueau qui r'engendre les Esprits, dés aussi-tost que le cœur estant deliuré de sa syncope, luy en fournit la matiere. Et ce ne peut pas estre le residu des Esprits du cerueau qui en refait de semblables : parce que nous supposons, que durant la syncope, il n'en restoit point dans le cerueau, & que nous sçauons, qu'ils sont de nature à se perdre & à s'éuaporer en vn moment, s'ils ne sont entretenus par vne communication continuelle qu'ils ont auec ceux du cœur. De sorte qu'ils doiuent au cerueau leur production, & leur dernier caractere. Or est-il que le cerueau ne leur peut pas imprimer ce caractere, & cette faculté, sans l'auoir, ni leur donner ce qu'il n'a pas. Que si les Esprits la tiennent de luy, il faut qu'il en soit le principe, le subjet & le principal organe. Mesmes il est bien difficile à croire, que les Esprits soient vn subjet capable & susceptible de cette faculté. Car puisqu'il est vray, que l'Imagination est vne fonction materielle, & dependante de la disposition de sa matiere, elle ne peut pas se rencontrer dans le cerueau & dans les Esprits tout-ensemble, ni resulter de deux subjets, dont les dispositions sont si differentes.

Ie pourrois encore ioindre icy quelques

vray-semblances, tirées de la diuersité du temperament qui doit estre entre l'Imagination & les Esprits, & monstrer que les vns sont secs, que l'autre doit estre humide, que les vns doiuent estre dans vn mouuement perpetuël, & que l'autre doit estre fixe & arrestée en ses actions. Ie pourrois monstrer encore beaucoup d'autres diuersitez, & faire valoir la coniecture que quelques-vns tirent du vertige, qui n'est rien autre chose que le tournoiement de ses Esprits, qui se fait au mesme temps que la faculté iuge, que ce qui paroist tourner, ne laisse pas d'estre immobile. Il me seroit encore plus facile de monstrer, que s'ils n'estoient retenus & assujettis par la faculté, ils seroient dans vn vertige perpetuël, ils ne feroient que des representations passageres, & des confusions plus grandes que celles des songes. Et qu'ainsi il faut que la faculté ait vn autre subiet, & qu'il y ait de la difference entre ce qui retient, & ce qui est retenu. Que si ie ne m'estens pas sur ces considerations, & si ie n'en fais pas voir la force & la solidité, ce n'est qu'à cause que ie veux éuiter la longueur, & que i'estime que les raisons precedentes

C iiij

suffisent pour persuader tous ceux qui ont quelque intelligence de la Physique.

Quel est le propre Organe de l'Imagination.

CHAPITRE VII.

I'Ay desia diuerses fois insinué, que le cerueau estoit l'organe de l'Imagination, & que personne ne doutoit de cette verité. Car elle est trop manifeste pour estre reuoquée en doute. Et ie ne voy pas que les Peripateticiens les plus attachez aux opinions d'Aristote, soient assez hardis pour la nier. Ils disent bien que le cœur est le principe commun de toutes les fonctions; Mais ils ne nient pas pour cela, qu'il ne s'en exerce quelques-vnes dans la teste, comme l'Imagination, le Raisonnement & la Memoire. Ils disent en suitte, qu'encore que les Galenistes ayent mis dans le cerueau le principe du sentiment, ils ne laissent pas de croire que les yeux voyent, que la langue gouſte, & que les mains ſeruent d'organe à l'attouchement. De meſme, (diſent-ils) encore que nous eſtimions que le cœur ſoit la racine & le principe de toutes les facultez, nous ne nions pas que le cerueau ne ſoit l'organe de quelques-vnes, & que ce ne ſoit dans la teſte que ſe fait l'exercice des fonctions animales.

En effect, comment pourroient-ils dire, que les nerfs de tous les ſens externes n'aboutiſſent pas au cerueau? Que les Eſprits qui y ſont contenus, n'y portent pas les Images des objets, & que ce n'eſt pas dans cette partie, que les maladies gaſtent l'Imagination? Voudroient-ils nier que le temperament du cerueau, & ſa conformation ne contribuënt beaucoup aux actions de la phantaiſie, & que c'eſt à la teſte qu'il faut faire l'application des Remedes qui ſeruent à reſtablir les actions de cette faculté lors qu'elle eſt deprauée? Tout cela eſt trop éuident pour eſtre exaggeré icy. Il vaudroit mieux rechercher en quel endroit du cerueau c'eſt que reſide l'Imagination, encore que cela ſoit de tres-petite importance pour le deſſein que ie me ſuis propoſé. Quelques-vns croyent, que c'eſt dans tout le cerueau qu'eſt cette faculté. Mais on verra bien par la ſuitte de cét ouurage, qu'encore que cette opinion ſoit vraye en vn ſens, elle n'eſt pourtant pas abſolument veritable. D'autres diſent, que la phantaiſie doit eſtre dans la partie baſſe & poſterieure du cerueau : parce (diſentils) que les nerfs en ſortent, & que c'eſt-là leur principe. On peut répondre à cela, que les nerfs de la veuë, & ceux de l'odorat ſortent du deuant du cerueau, & que peuteſtre les autres nerfs ont la meſme origine : parce qu'ils peuuent bien receuoir leurs fibres de plus haut, que n'eſt l'endroit où elles s'vniſſent pour compoſer le nerf. Quoy qu'il en ſoit, il ſe faut pluroſt regler à l'origine des nerfs optiques, qu'à celle des autres : parce que i'ay monſtré cy-deſſus, que la veuë a plus de ſympathie auec la phantaiſie, qu'aucun autre ſens : la communication de l'vne à l'autre eſt auſſi plus prompte, & qui monſtre que le nerf y touche de plus prés, la Nature en ayant éloigné les autres nerfs, ou afin que les Eſprits ne s'y écoulaſſent en ſi grande abondance que dans les yeux, ou bien afin que les Images des autres ſens qui ſont plus groſfiers, s'épurassent en passant au trauers de la substance du cerueau, deuant que de se communiquer à l'Imagination: de mesme que l'eau de la mer s'épure au trauers de la terre, deuant que de faire les fontaines.

Il y a encore beaucoup d'autres raisons, pour monstrer que l'Imagination reside au deuant du cerueau. Premierement, c'est là que s'exerce l'Imagination, où nous sentons qu'elle se lasse & se fatigue. Or est-il que c'est au deuant de la teste que nous sentons cette lassitude, apres vne forte attention de la phantaisie. Secondement, personne n'ignore, que dans la colere, l'Imagination ne s'échauffe. Personne n'ignore aussi, que c'est proche du front que nous sentons cette chaleur. En troisiéme lieu, le vertige est vne imagination déprauée, comme ie l'expliqueray en traittant des maladies d'Esprit: Ainsi est-ce au deuant du cerueau, & bien proche des yeux que se fait ce tournoyement, comme nous l'experimentons, pour peu que l'on y prenne garde. Pour le quatriéme : puis-que nous monstrerons cy-apres, que la Nature a logé la Memoire dans le derriere de la teste, il semble fort probable, qu'elle ait placé l'Imagination au deuant, d'où vient que c'est en cét endroit-là, que les Medecins font l'application de leurs remedes durant les deprauations de cette faculté. Enfin, puis-que le cerueau est plus chaud, & plus humide en cét endroit qu'en aucun autre, & qu'il y possede toutes les qualitez requises pour les actions de la phantaisie; il y a grande apparence, qu'il y possede aussi cette faculté, & que c'est-là son siege, & le principal thrône de son empire.

Il ne faut pas se persuader, que l'Imaginatiue soit dans vn point indiuisible du cerueau, ni qu'elle soit tellement attachée à vn endroit, qu'elle ne se rencontre aussi ailleurs. Son organe a, sans doute, vne assez grande estenduë; Et l'Anatomie nous fait voir, qu'il est composé de plusieurs differens petis organes, que nous voyons estre dispersez en diuerses parties du cerueau, encore que nous ne sçachions pas l'vsage particulier d'vn chacun. Nous verrons cy-apres, que la phátaisie ne fait pas toutes ses operations en vn lieu, qu'elle opere mieux & auec plus d'attention en vn endroit que dans vn autre. Ce qui pourra seruir à prouuer l'extension de son organe.

Quel est le temperament de l'Imagination.

CHAPITRE VIII.

IL ne sera pas fort difficile de vous persuader, que le temperament de l'Imagination est composé de chaleur & d'humidité : Car pour ce qui est de la chaleur, l'Examinateur des Esprits, a fort bien monstré qu'elle y estoit necessaire ; Et ic n'ay pas veû, qu'aucun Autheur ait depuis ce temps-là entrepris de le contredire. Tout le monde sçait par experience, que la chaleur réueille l'Imagination, que le froid l'assoupit & la rend hebetée : Et puis que c'est vne faculté si viue & si agissante, il luy falloit vne qualité qui fust de mesme nature, fort actiue & fort remuante. Outre que n'estant pas bon que cette fonction resistast beaucoup à l'impression des objets, & au gouuernement de la faculté superieure, il ne luy falloit pas vn temperament de resistence ; Et la Nature ne pouuoit mieux faire, que de luy choisir parmy toutes les qualitez, celle qui agissant le plus, resiste pourtant le moins.

De mesme, entre les qualitez passiues, il luy a fallu donner celle qui a plus d'actiuité, & moins de resistence, qui est sans contredit l'humidité. La secheresse y eust esté trop incommode, parce que les Especes n'y eussent peû faire d'impression. Il eust esté de l'Imagination comme de la Memoire, qui ne reçoit que les Images qui sont fortes, ou celles qui sont souuent reïterées. Cependant, il faut que l'Imagination reçoiue tout, & qu'elle le reçoiue auec facilité, & qu'elle se remuë à la rencontre du premier objet qui se presente. D'ailleurs, comme il ne faut pas que ces Images s'arrestent dans l'Imagination, mais plustost qu'elles fassent place aux nouuelles representations: Il ne faut pas aussi, que le temperament de la retention se rencontre en la phantaisie, ni qu'elle ait cette fermeté qui fait les opiniastres, & les fous melancholiques. Il y faut le temperament de l'inconstance, & celuy de la ieunesse, en qui cette faculté éclate beaucoup plus qu'en vn aage meur & auancé. Ce n'est pas que

DE L'ESPRIT. 47

la chaleur de l'aage viril ne soit aussi grāde, que celle de la plus florissante ieunesse: mais il y a moins de cette humidité qui fait les belles imaginations. La secheresse est contraire à l'Imagination, parce qu'elle la rend sterile & qu'elle arreste le cours de ses actions. De là vient que les bilieux excellent beaucoup moins en cette partie d'esprit, que les sanguins. Dautant qu'encore qu'ils ayent plus de chaleur, ils ont pourtant moins d'humidité, & par consequent moins de facilité aux actions de l'Imaginatiue, comme sont la Poësie & la raillerie. Les plus belles inuentions de cette faculté, comme sont les mechaniques, nous sont toutes venuës des païs humides. Sans l'humidité les femmes n'auroient pas cét auantage d'Imagination sur beaucoup d'hommes ; elles n'auroient point cette beauté superficielle d'Esprit, ny tant de mouuemens de promptitude qui viennent de l'Imaginatiue. D'ailleurs, s'il est vray que la Nature ait logé cette faculté dans la partie la plus humide du cerueau, ce nous est vn signe tres-asseuré, qu'il faut que la phátaisie ait de l'humidité aussi-bien que de la chaleur, & que ces deux qualitez composent son temperament. Vne simple qualité n'eust pas peû suffire pour les deux fonctions qu'exerce cette faculté. L'vne est de receuoir facilement les impressions des objets: Pour cela il luy falloit vne qualité passible, qui ne peut-estre autre que l'humidité. La seconde fonction de l'Imagination est d'agir sur les Images & sur les autres facultez de l'Ame. Pour cela il luy faut vne qualité agissante, qui est la chaleur.

Ces deux qualitez doiuent estre tellement iointes ensemble, que la chaleur y surpasse mediocrement l'humidité. Il ne faut pas que dans le mariage de ces deux qualitez, la passiue qui est comme la femelle, l'emporte sur celle qui de son naturel est plus masle & plus agissante: autrement il ne sortiroit de cette conionction, que de foibles pensées, & des productions effeminées. Et comme dans la composition du corps mixte, l'humidité ne préuaut iamais sur la chaleur, qu'elle ne fasse ou vne corruption entiere du mixte, ou vne liaison lasche & de peu de fermeté. De mesmes vne Imagination où l'humidité préuaut, ne fait rien qui vaille dans la liaison des Especes, & vous n'en-deuez rien attendre qui

qui soit ferme & bien resolu: vous n'en verrez que des Imaginations tremblantes, des pensées flottantes, foibles & mal asseurées, comme sont celles des Enfans. Quelquesfois la deprauation va iusques à la réuerie, qui est, à l'esgard des Especes, ce qu'est la corruption à l'esgard des corps mixtes.

Il ne suffit pas, que l'humidité y soit dans vn degré inferieur à celuy de la chaleur. Il faut encore que ce soit vne humidité huyleuse, afin premierement qu'elle ait quelque consistence: & qu'en second lieu, elle soit propre à conseruer & entretenir la chaleur. D'où vient que les vieillards qui ont le cerueau remply d'vne humidité aqueuse & superfluë, n'ont pas pour cela le temperament de l'Imagination. Les choses huyleuses ont encore cela de propre, que l'humidité y est plus superficielle que la chaleur qui a besoin d'estre reduite en acte deuant que de se manifester: Elles moüillent, elles humectent, auant que d'échauffer. On obserue que les vins les plus forts desalterent d'abord à cause de leur humidité: mais peu de temps apres ils causent vne nouuelle alteration

D

par leur chaleur. Il en est de mesme de l'Imagination. L'humidité y est la premiere & la plus superficielle qualité que les Images y rencontrent, c'est-elle qui en fait la premiere reception. En suitte de cette passion, l'Imagination se remuë, & se reduit en acte pour connoistre ces Images. Elle s'échauffe par le moyen de ce mouuement, & employe la chaleur qui a la vertu de separer les choses heterogenes, à faire le discernement des Especes qui luy sont presentées.

De la premiere operation de la phantaisie, qui est la connoissance.

Chapitre IX.

LA connoissance de l'Imagination, n'est en effect autre chose que le sentiment qu'elle fait des objets par le moyen de leurs Especes. Et cette Imagination n'est rien autre chose que le Maistre sens,

& le principe de tous les autres. C'est de ce sens interne, que les externes tiennent la vertu qu'ils ont de connoistre leurs objets. Il se sert d'eux, comme de fenestres pour apprendre ce qui se passe au dehors. Il ne leur doit rien que les Images exterieures qu'ils reçoiuent, & n'emprunte d'eux, ni la vertu d'agir, ni aucune partie de son action. De fait, lors qu'ils sont endormis, il ne laisse pas de iuger des Especes sensibles. Et s'il est vray que ceux qui sont nez aueugles, ayent en songe des visions de la lumiere des Esprits, & de la couleur des humeurs qui predominent au cerueau: si cela (dis-ie) est veritable, on iugera encore plus clairement par là, que l'action de la phantaisie n'est point absolument dependante de celle des organes exterieurs. Cette independence n'est pas reciproque: car tous les sens externes demeurent interdits, dés que celuy-cy est assoupy, ou puissamment occupé au discernement de quelque objet. Ainsi c'est dans l'Imagination que l'Ame sensitiue opere principalement, & c'est-là qu'est le vray siege de la connoissance sensuëlle.

Il n'y a en cela point de difficulté: Mais

bien à sçauoir comment se fait cette connoissance, & que c'est que le sentiment. Beaucoup de gens se persuadent que la connoissance en general n'est rien autre chose que l'vnion de l'objet auec la faculté, ce qui n'est pourtant pas soustenable. Car il s'ensuiuroit, selon cette doctrine, que les facultez insensibles auroient du sentiment, & que nos facultez negatiues connoistroient leur objet lors qu'il leur seroit vni localement. Il s'ensuiuroit encore, que les Elemens, & generalement toutes les causes naturelles, connoistroient les objets sur lesquels elles agissent immediatement. On pourra peut-estre répondre, que l'vnion de l'objet ne fait la connoissance que dans les facultez qui sont capables de cette connoissance. Mais cette réponse ruine la doctrine de ceux qui s'en voudroient seruir, parce qu'elle nous accorde ce que nous disons, que l'vnion n'est qu'vne condition necessaire pour la connoissance, & qu'elle n'en fait pas toute la nature. Toutes les facultez sont bien capables de cette vnion; cependant, toutes ne le sont pas de connoissance. Il faut donc que la faculté qui connoist, adjouste quelque chose à cette vnion. En second lieu, nostre Entendement est vne faculté qui connoist, & qui a, selon l'opinion commune, certaines Especes naturelles qui luy sont inseparablement vnies. Il faudroit donc dire, qu'à tout-heure l'entendement est dans la connoissance de ces Especes infuses. Ce qui est contre l'experience, qui nous enseigne aussi que la Memoire ne connoist pas-vne de toutes les Images qui luy sont collées. Ce qu'il faudroit qu'elle fist, & qu'elle les connust toutes à la fois, si l'opinion que ie refute estoit veritable.

Il est bien certain, que quelquesfois l'Espece est portée au sens externe, & qu'elle luy est vnie sans qu'il la discerne; Et ie feray voir auant que de finir ce chapitre, que la mesme chose arriue à l'Imagination, & qu'elle ne connoist pas tousiours actuellement toutes les Images qui luy sont presentes. Enfin, si l'vnion de l'objet, auec la faculté qui connoist, faisoit toute la nature de la connoissance, il faudroit conclure que tous les Animaux auroient le sentiment également exquis, que nous discernerions les odeurs aussi exactement que les chiens, & que nous verrions aussi clair que les Aigles: parce que les Especes ne se portāt pas moins à nos organes qu'aux leurs, & ne s'y vnissant pas moins, la connoissance en deuroit estre égale, s'il est vray qu'elle consiste en cette seule vnion.

Par ces mesmes raisons, l'on peut conuaincre ceux qui disent que le sentiment n'est qu'vne simple reception des Especes. Et comme cette opinion est au fonds, la mesme que la precedente, elle est suiette aux mesmes absurditez: Puis-il s'ensuiuroit par bonne consequence, que les pierres sentiroient lors qu'on les chaufferoit, que l'air verroit la lumiere & les couleurs lors qu'il en reçoit les Especes. D'autres n'ont pas mieux rencontré, lors qu'ils ont dit que le sentiment n'est pas vne simple reception, mais vne perception. Ie veux attendre à les refuter, qu'ils ayent nettement expliqué la difference qu'il y a entre perception & reception, & ce que l'vne emporte par dessus l'autre: car iusques à present, i'ay tousiours creû que c'estoit la mesme chose.

En fin, quelque opinion que vous puissiez auoir touchant le sentiment, elle sera defectueuse, si vous n'y faites agir la faculté. Les Philosophes qui ont écrit sur cette matiere, vous le feront voir bien clairement, si vous prenez la peine de les consulter là-dessus. Il vous feront voir aussi, que le sentiment est composé d'action & de passion, & qu'Aristote l'a creû ainsi, encore qu'en quelque endroit il ait parlé du sens, comme s'il n'estoit que passif, à cause que la passion en fait la principale & plus euidente partie, & que l'action qui s'y rencontre est si difficile à expliquer, que desesperant de le pouuoir faire, il ne l'a pas osé entreprendre : Et peut-estre que nous aurions mieux fait d'imiter sa retenuë : Neantmoins, encore que nous ne puissions pas éclaircir toute la nature du sentiment, il est bon que nous sçachions que ce n'est pas vne pure passion, que ce n'est pas aussi ce que l'Eschole appelle vn mouuement d'altération. Ie veux dire, que ce que la faculté adjoute à l'vnion des Images, n'est pas vn changement, ou vne acquisition de nouuelles qualitez. Car ou ce changement se feroit dans la faculté, ou il se feroit dans l'Image. S'il se faisoit dans la faculté, ce ne seroit pas la faculté qui agiroit, parce que rien ne peut agir sur soy-mesme. D'autre costé, si l'Image estoit changée, elle ne seroit plus Image. Elle cesseroit de representer l'objet: parce qu'elle cesseroit de luy estre semblable. I'ay refuté ailleurs ceux qui disent, que l'Imagination agit, en faisant de nouuelles Images, differentes de celles des sens.

De sorte que l'Imagination semble ne pouuoir agir en la connoissance, que par vn mouuement local. Ce mouuement peut estre de deux sortes: & ie trouue les Philosophes partagez là-dessus. Les vns disent que l'Imagination ne se contente pas de receuoir les Especes, comme feroit l'air ou quelque autre chose insensible. Mais que comme l'estomach va au deuant de sa nourriture; qu'il l'attire à soy, sans attendre qu'elle y tombe de son propre poids: De mesme, la phantaisie va au deuant de son objet, & contribuë par son approche à faire l'vnion, en laquelle consiste proprement la connoissance. Cette opinion ne me plut iamais; Car puis-que la connoissance des sens externes est de mesme nature, que celle de l'Imagination, & qu'ils connoissent sans s'approcher, ce n'est pas ce mouuement qui fait la connoissance.

En second lieu, la faculté ne peut se remuër pour aller au deuant de son objet. Ainsi la connoissance doit-estre quelque autre chose que ce mouuement: puis qu'elle en est la cause, & qu'elle la precede.

Ie pourrois adjouster, que l'Imagination ne s'approche pas de toute sorte d'objets: parce qu'il y en a qui luy sont tellement desagreables, qu'ils la rebuttent, & qu'ils font fuïr les Esprits par leur contrarieté. On pourra, neantmoins, répondre à cette raison, en disant, que les objets contraires ne choquent l'Imagination, que lors qu'ils sont connus distinctement, & que nonobstant l'antipathie particuliere qui s'y rencontre, ils ont vne sympathie generale auec leur faculté, autrement ils n'en seroient pas objets: d'où vient que la faculté les reçoit, comme son objet, deuant les rebuter comme objet desagreable. Il y a bien quelque chose de vray en cette réponse; Elle ne suffit pas pourtant pour vuider la difficulté : parce qu'elle est contrainte d'auouër, que ce mouuement ne se fait pas dans les connoissances distinctes; Ainsi ce mouuement ne se rencontre pas en toutes les connoissances, ni en celles qui en meritent mieux le nom. Ce n'eſt donc pas par-là qu'il les faut definir, autrement il faudroit que dés qu'vn objet eſt connu deſagreable, la faculté laiſſaſt de le ſentir, & de le connoiſtre.

L'autre ſorte de mouuement, que quelques-vns attribuënt à la faculté, eſt vne contraction, ou vn reſſerrement que font les ventricules du cerueau, & les membranes qui les reueſtent, afin d'embraſſer mieux leur obiet : ce mouuement eſt, comme i'expliqueray en ſuitte, ce que nous appellons l'attention : Et c'eſt en cette attention ſeulement, que probablement on peut faire conſiſter toute l'action de la faculté qui connoiſt : parce que l'experience nous monſtre, qu'il ne ſe fait point de connoiſſance ſans cette attention : Elle nous monſtre auſſi, que toutes les fois que l'attention eſt iointe à la reception de l'Eſpece, le diſcernement ne manque iamais de s'en faire. Ainſi il ſemble que la faculté n'adjouſte rien que cette attention, qui n'a iamais eſté bien expliquée.

Elle ſe fait, lors que l'organe de l'Imagination ſe roidit, & s'affermit ſur l'objet qui luy eſt preſenté. Nous n'en ſçaurions trouuer d'exemple plus propre que celuy de l'œil, lors qu'il regarde quelque chose auec attention : Nous sentons qu'il se fixe, & qu'il s'affermit, & qu'en mesme-temps il se resserre, & se comprime pour regarder attentiuement. L'attention de la phantaisie se fait de la mesme sorte ; Elle se resserre pour trois fins, dont l'vne est d'vnir les parties de l'Image, & de la refléchir : afin qu'elle deuienne plus sensible par cette reflexion, que si la faculté la laissoit vaguer, & s'éparpiller dans toute l'estenduë des ventricules du cerueau. La seconde fin, est de ramasser les Esprits du cerueau, & d'en redoubler la lumiere, par cette vnion, qui rend les Images plus illuminées & plus visibles. La troisiéme fin, est de retenir plus long-temps l'Image, afin d'en remarquer mieux toutes les parties, & toutes les particularitez : Et comme nous voyons que ceux qui ont la veuë obscure, ont dauantage de besoin de se resserrer les yeux, & de se les affermir fixement sur l'objet : de mesmes, ceux qui ont l'Imagination tenebreuse, sont plus obligez que les autres de la tenir long-temps attachée sur vne Image, & luy faire embrasser estroit-

tement, deuant qu'elle en ait vne connoiſſance bien diſtinctè.

Quand ce reſſerrement de l'Imagination
eſt auſſi-grand qu'il le peut-eſtre, & qu'il a
couſtume de l'eſtre dans les meditations
profondes, il bouſche entierement l'aue-
nuë aux Eſpeces exterieures; Et dans cette forte attention, nous ne diſcernons
point lors que l'on parle à nous. Mais lors
que cette contraction eſt moindre, nous
reccuons confuſément les Eſpeces qui
viennent de dehors, & nous connoiſſons
que l'on parle à nous, encore que nous ne
diſtinguions pas ce que l'on nous dit. Cela nous fait voir, que l'Imagination peut
connoiſtre deux choſes en meſme-temps:
puis qu'en meſme-temps qu'elle penſe attentiuement à autre choſe, elle diſcerne le
bruit confus qui luy entre par l'oreille.
Quelquesfois, & lors que ſon attention eſt
encore moindre, vne Eſpece externe y entre toute entiere tres-diſtinctement, encore que l'Imagination ne la diſcerne pas
clairement au moment qu'elle luy eſt ap-
portée. Cela arriue à ceux qui eſtans di-
ſtraicts, vous prient de leur redire ce que
vous leur auez dit. Et neantmoins, ſans at-

tendre que vous l'ayez dit, ils sçauent ce que c'est, & y répondent. Il falloit donc bien, que durant cét interualle, l'Espece fust entrée dans la phantaisie, qu'elle s'y fust vnie, qu'elle y eust fait impression, & par consequent qu'elle y eust esté connuë. Il arriue à beaucoup de gens de lire haut dans des liures, & de penser en mesme-temps ailleurs. Il est donc necessaire, qu'en-core que l'Imagination soit distraitte, & attentiue à autre chose, elle reçoiue di-stinctement la figure des lettres par la veuë, puis-qu'elle exprime le son par la voix. Il nous arriue encore plus souuent de reciter vne priere qui nous est familiere sans at-tention, & lors que nous auons l'Esprit attaché sur quelque autre pensée : & cette attention que nous auons ailleurs, n'em-pesche pas que nostre Imagination ne re-pete distinctement toutes les parties de cette priere, & qu'elle ne les discerne dans le mesme ordre qu'elles sont placées.

Mais dira quelqu'vn, comment se peut-il faire, qu'vne Espece soit portée dans l'Imagination, & que neantmoins, elle n'y soit pas veuë aussi distinctement que l'au-tre sur laquelle on medite ? On peut répondre, que cette Espece est plus foible, s'estant affoiblie par la difficulté qu'elle a eu d'entrer dans les ventricules, ou à cause que le passage en estoit rétressi durant cette contraction, ou bien à cause que presque tous les Esprits estans retenus au dedans, le peu qui en restoit dans l'organe exterieur, n'a peû faire qu'vne foible impression de l'Espece. Cependant, cette réponse ne suffit pas pour toutes les difficultez qui peuuent naistre sur cette matiere. Elle n'est à propos que pour les Especes qui doiuent entrer dans la phantaisie, & ne peut seruir pour celles qui y sont desia, côme les Images d'vne priere qui nous est familiere, ou bien comme est l'idée de quelque affliction recente, qui est fortement attachée à nostre Imagination, qui ne laisse pas pourtant de se diuertir de la veuë de ce fascheux objet, & de prester son attention à quelque autre ; en sorte que tant qu'elle est attentiue à cét autre objet, elle ne connoist que confusément celuy qui l'afflige: On demandera, comment cela se peut faire? Ie répons, que l'organe de l'Imagination a de l'estenduë, & que toutes les Images qui y sont, ne s'y penetrent pas, comme ie l'expliqueray dans la suitte de ce liure. Ainsi elle peut faire plus d'attention en vn endroit de son organe qu'en l'autre, & affermir dauantage d'Esprits sur vne Image que sur l'autre. La mesme chose se fait dans l'œil; qui encore qu'il n'affermisse en lisant, son Esprit visuël que sur vne seule ligne, il ne laisse pas d'en voir confusément beaucoup d'autres. On pourroit répondre en second lieu, que comme dans l'attention, le chemin par où les Especes externes entrent en la phantaisie n'est pas libre : de mesmes il n'y a pas de liberté pour celles qui viennent de la memoire, le canal qui est entre ces deux facultez, se trouuant si resserré, qu'elles ne se peuuent communiquer que foiblement : qu'ainsi les vieilles Especes ne se discernent pas mieux que celles qui viennent du dehors. Ce qui est aussi cause qu'il ne s'imprime rien en nostre memoire de tout ce à quoy nous pensons sans attention, & qu'il ne nous en reste aucun souuenir. Il est vray que cette seconde réponse est suiette à tant de difficultez, qu'il vaut mieux se tenir à la premiere.

Voila ce que ie voulois dire de l'attention, & en faueur de ceux qui difent, que c'eft la connoiffance actiue. Il faut pourtant qu'ils auouënt, que ce n'eft tout au plus, qu'vne condition neceffaire pour le fentiment, & que neceffairement il doit confifter en quelque autre chofe. Car l'Imagination ne fe refferreroit iamais pour faire cette attention, s'il ne précedoit quelque connoiffance confufe, qui la portaft à fe refferrer à l'entour de fon objet. Secondement, les objets violens fe font fentir, malgré l'attention que l'on peut auoir fur quelque autre chofe. En fin, nous venons de voir, que l'on peut lire, & que l'on peut parler fans attention. Ce qui ne peut pourtant fe faire fans vne connoiffance diftincte des characteres & des fens. Il eft vray que celle qui fe fait auec attention, eft fans comparaifon plus diftincte & plus euidente. Il eft vray auffi que l'on ne peut eftre attentif à deux objets à la fois. Car encore que vous dictiez deux ou trois lettres en mefme-temps à diuers Secretaires fans vous troubler, vous n'y penfez qu'à reprifes, & vous perdez pour vn moment l'idée de l'vne, pour penfer à l'autre, dont l'Image difparoift puis apres à fon tour.

Mais

Mais, direz-vous, qu'eſt-ce donc que le ſentiment? Ie répons, que ſi i'auois à expliquer quelqu'autre ſorte de connoiſſance, ie croirois auoir bien reüſſi & l'auoir expliquée auec tout ce que l'on peut apporter d'éclairciſſement, ſi ie l'auois expliqué par l'exemple du ſentiment : parce que c'eſt la plus euidente de toutes nos connoiſſances. Mais puis-qu'il n'y a rien en la Nature, qui nous ſoit ſi clair, ni ſi euident que le ſentiment : ce ſeroit en obſcurcir la connoiſſance, que de la vouloir éclaircir. Tous ceux qui ſe ſont meſlez de dire que c'eſt que la veuë, ou l'attouchement, ſemblent n'auoir entrepris que d'inſtruire des aueugles, ou des choſes inſenſibles. De meſmes ceux qui ont voulu definir la chaleur ou la couleur, n'ont iamais rien dit qui vaille. Et n'ont tout au plus décrit que quelques-vns de leurs effects. Et tous ceux qui entreprendront de nous éclaircir la nature du ſentiment, entreprendront l'impoſſible, en nous voulant expliquer, ce qui eſt de plus clair & de plus connu. Ils deuroient conſiderer, que le ſeul moyen d'expliquer quelque choſe, c'eſt de l'expliquer par vne autre choſe plus claire & plus euidente ; & que

E

s'il n'y en a point d'autre qui nous soit si euidente que l'acte des sens, leur dessein est vne grande temerité. Neantmoins, encore qu'il ne soit pas possible de definir cette action du sens, il me semble qu'on la pourroit exprimer par vn terme plus significatif que celuy de sentiment, & que le terme de discernement, est plus propre à faire comprendre l'idée generale, que tous les hommes ont du sentiment, & de la connoissance. Premierement, nous voyons que tous les hommes, iusques aux plus idiots, ne connoissent, qu'il reste quelque sentiment à vn lethargique, qu'à cause qu'il luy reste quelque discernement, & qu'il discerne entre vn objet & vn autre. D'ailleurs, tout le monde sçait, que plus vn sens discerne de differences d'objets, plus il est parfait. Par exemple, vn homme enrhumé ne discerne point 'vne foible odeur. Et tous les hommes ne distinguent quasi les odeurs, que parce qu'elles sont bonnes ou mauuaises; au lieu que d'autres animaux qui ont l'odorat meilleur, distinguent les odeurs que nous confondons, & que nous croyons estre les mesmes : ceux qui ont les mains engourdies, iugent confusément qu'ils touchent à quelque chose. Mais ils ne la peuuét discerner d'auec vne autre, parce qu'ils n'ont pas assez de sentiment. Le discernement leur reuient à mesure que le sentiment leur retourne ; Et au lieu qu'ils ne discernoient auparauant vn objet que par ce qu'il a de commun auec beaucoup d'autres, ils discernent les differences de chaque objet en particulier. Apres tout, puis-que la Nature n'a formé les sens, que pour donner aux Animaux dequoy discerner ce qui leur est vtile, d'auec ce qui ne l'est pas : leur connoissance actiue doit estre ce discernement, de mesme que la passiue n'est rien que la reception des Especes.

Chapitre X.

De la seconde operation de la phantaisie, qui est l'Appetit sensitif.

EN mesme temps que l'Imagination discerne vn objet simplement, c'est à dire comme chaud, ou comme froid; elle le discerne aussi comme agreable, ou comme desagreable. Ces deux connoissances ne sont iamais l'vne sans l'autre. Mais, direz-vous, n'y a-t-il pas des choses qui luy sont indifferentes? Ie répons, que cela repugne à la nature des facultez purement sensuëlles, & que dés qu'vn objet ne plaist point aux sens, il faut necessairement qu'il leur déplaise. Dés aussi-tost que nous ne prenons plus plaisir à boire, nous conceuons de l'auersion pour les breuuages les plus delicieux. Quand la Musique ne nous diuertit plus, elle deuient importune. Et dés le moment, que la conuersation d'vne belle fême cesse de nous déplaire, elle nous est insupportable. En effet, il n'est pas possible, qu'vne chose soit objet des sens, & que neantmoins, elle leur soit indifferente. Il n'y a que les facultez libres, & qui sont immaterielles, qui puissent auoir de l'indifference pour certains objets. Toutes les autres en sont esclaues. Elles s'en approchent autât qu'elles peuuent, lors qu'ils sont agreables; Elles s'en destournent de tout leur pouuoir, lors qû'ils sont desagreables. Cela est particulierement vray de l'Imaginatiue; Et c'est son inclination, & son auersion, que nous appellons l'Appetit. Que si vous prenez l'Appetit pour la faculté mesme qui appete, en ce cas-là, l'Imaginatiue & l'Appetit, sont vne mesme chose.

Ie sçay-bien, que cette doctrine ne s'accorde pas auec celle de beaucoup de Philosophes, & de Medecins, qui disent que la Nature ayant placé dans le cerueau toutes les fonctions qui seruent à la connoissance, elle a mis dans le cœur l'Appetit sensitif, comme vne faculté distincte de celles qui seruent à la connoissance. Ils tiennent que dans l'ordre des operations de l'Ame, la phantaisie connoist premierement son objet dans le cerueau, qu'apres cela, elle meut l'Appetit du cœur : qui estant esmeu, remuë la vertu motiue qui reside au cerueau, afin qu'elle s'approche, ou qu'elle s'éloigne de cét objet. Mais ie les prie de considerer quel détour ils font faire aux actions de l'Ame sensitiue, qui connoistra son objet en vn lieu, d'où il faut que les Idées sortent pour y retourner en suite, afin d'y remuër la faculté motiue, apres qu'elles ont esté dans le cœur y consulter les inclinations de l'Appetit. N'y a-t-il pas de l'extrauagance d'éloigner si fort l'Appetit du lieu, où reside la faculté motiue?

Il n'y en a pas moins d'oster toute sorte de connoissance, à l'Appetit, & de vouloir neantmoins qu'il ait de l'inclination pour vn objet qu'il ne connoist pas. Si l'Appetit n'est point touché par les Images d'vn objet, comment est-ce qu'il se remuë pour le fuir, ou pour le suiure? Et s'il en est touché & qu'il le discerne, comment est-ce qu'on peut dire, qu'il est insensible & sans connoissance? S'il se porte vers certains objets, & qu'il s'éloigne des autres, c'est vn signe qu'il les discerne, & par consequent qu'il les connoist. Puis donc qu'il s'y fait vn discernement qui est l'action propre de la phantaisie, à quoy bon establissez-vous vne phantaisie differente de cét appetit? Et pourquoy multipliez-vous les fonctions de nostre Ame sans necessité? Ou plutost, pourquoy distinguez-vous l'Appetit, d'auec la faculté qui connoist? Et d'où vient que vous l'establissez dans vn lieu si éloigné de celuy où se fait la connoissance? La Nature n'eust-elle pas mieux fait

DE L'ESPRIT. 71

d'enuoyer les Especes sensibles droit dans le cœur, sans les faire passer par le cerueau? Ou bien ne deuoit-il pas y auoir des nerfs, pour porter les Images du cerueau iusques au cœur?

Nos aduersaires auouënt bien que l'Imagination agit sur l'Appetit, en luy proposant l'objet. Mais ils nient que l'Appetit connoisse cét objet : Ils disent, qu'il n'y a point de consequence en tous nos raisonnemens, & employent pour le monstrer, tout ce qu'ils ont peû s'imaginer d'adresse & de subtilité. Les vns disent, que l'Appetit, tout aueugle qu'il est, ne laisse pas d'estre touché des objets de la phantaisie, non pas par aucune connoissance, que la Nature luy ait donnée : mais seulement par sympathie qu'ont toutes les facultez entre-elles, à cause qu'elles dépendent toutes d'vn mesme principe, qui est nostre Ame. A quoy il leur faut repartir : que si cette raison estoit bonne, la phantaisie auroit le mesme pouuoir sur les facultez de l'Ame vegetatiue, qu'elle a sur l'appetit sensitif : & qu'il faudroit que ces mesmes facultez vegetatiues, eussent autant de puissance sur la vertu motiue des Ani-

E iiij

maux, comme l'Appetit en a sur cette vertu motiue : Ma raison est, qu'elles dépendent également de l'Ame, qui en est le commun principe : Et on ne sçauroit dire pourquoy la dependance des actions de l'Imaginatiue & de l'Appetit, est plus grande que la dependance des operations du reste des facultez, puis-qu'elle n'a autre fondement, qu'vne sympathie generale, qui est également commune à toutes les facultez de nostre Ame. On ne sçauroit dire aussi, pourquoy c'est que les biens sensuëls touchent nostre appetit sensitif, plutost que les biens spirituels, qui ne le touchent point du tout, encore qu'ils agissent sur le principe commun de toutes nos fonctions, qui est nostre Ame.

D'autres disent, que puis que les Images s'estendent bien de l'Imagination iusques dans la memoire, & iusques sur le corps d'vn Enfant, qui est enfermé dans le ventre de sa Mere, elles peuuent bien se communiquer à l'Appetit, qui est dans le cœur. Ils adjoustent, que l'Appetit connoist son objet d'vne connoissance confuse, de la mesme façon que les facultez vegetatiues discernent leurs objets. Ie répons, que l'exemple de la memoire, n'est du tout point à propos : parce qu'elle n'est pas éloignée de l'Imagination, comme est l'Appetit, luy estât tres-estroittement vnie dans le cerueau. D'ailleurs, il est constant qu'elle n'a aucune connoissance des Images, & qu'elle n'en fait aucun discernement : Elle se charge aussi bien de celles qui sont fascheuses, que de celles qui sont agreables : Elle n'est inquietée ni des vnes, ni des autres : Ainsi son exemple n'est pas propre à expliquer les émotions, que les objets sensibles font sur l'Appetit. Celuy de l'Imagination des Meres, qui font impression sur le corps de leurs enfans, n'est pas plus à propos : parce que cette sorte d'impression se fait sur les corps des enfans, sans que ces petis corps les discernent, & sás qu'ils en soient émeus. Il est encore plus remarquable, que ces Images ne s'appliquent que par l'entremise des humeurs qui sont employées à la composition du corps de cét enfant; D'où vient qu'ils ne sont iamais marquez de verd ni de bleu, ni d'aucune autre couleur, que de celle des humeurs. Il n'en est pas ainsi de l'Appetit sensitif, qui est esmeu par toute sorte de couleurs, & qui plus est par toutes sortes d'objets sensibles. Ce ne sont pas seulement les Imaginations violentes, ou celles qui sont assez fortes pour agiter les humeurs, qui agissent sur l'Appetit : Il se remuë pour des choses qui luy sont presque indifferentes, & donne le branle à tout le corps, à la moindre impulsion qu'il reçoit.

Il y a encore moins d'apparence de nous objecter, que les facultez vegetatiues connoissent leur objet d'vne connoissance confuse : car sans reprocher à nos Aduersaires, qu'ils font beaucoup d'honneur à ces facultez, de leur attribuer vne connoissance, ie m'arreste à ce qu'ils disent qu'elle est confuse ; Ainsi elle n'est pas propre à expliquer vne connoissance si distincte, que celle de l'Appetit sensitif : qui pouuant estre esmeu par tout autant d'objets, que l'Imagination en connoist, il faut qu'il les discerne tous, & que la connoissance en soit aussi distincte que celle de la phantaisie. Apres cela, il faut vne application immediate des objets sur la faculté vegetatiue, deuant qu'elle se remuë, & qu'elle agisse ; au lieu que des objets éloignez, &

qui ne communiquent rien que des Images sensibles, excitent l'Appetit sensitif. Ce qui ne se peut faire qu'en luy representant l'objet, sur tout, s'il est vray que ces Images n'ayent autre vertu que de representer.

D'autres nous disent, que puis-que la phantaisie qui est dans le cerueau, remuë bien les extremitez de nostre corps, elle peut-bien agir sur l'Appetit qui est dans le cœur. Ie répons, qu'il ne s'ensuit pas, à cause des differences qui s'y rencontrent. Premierement, il y a vne communication tres-euidente par les nerfs qui s'estendent depuis le cerueau, iusques aux muscles des pieds & des mains; si bien que le cerueau ne fait agir les muscles qu'en les tirant à soy, par le moyen des cordes dont ils sont attachez. L'Imagination n'a qu'à retirer le principe du nerf qui luy est immediatement vny : il faut apres cela, ou que le nerf rompe, ou qu'il fasse suiure tout ce qui luy est attaché. De sorte que la phantaisie meut les muscles d'vn empire absolu; Et ce que nous appellons la faculté motiue, n'est que la phantaisie mesme, ou la troisiéme de ses operations, de mesme que l'Appetit est la seconde operation de cette phantaisie. Apres tout, quand les muscles auroient vne vertu motiue, qui leur seroit particuliere, elle auroit cela de different de ce pretendu Appetit que l'on establit dans le cœur, que par tout où elle se trouue, elle est accompagnée de sentimont & de connoissance; ce que l'on ne sçauroit dire du cœur, qui est vne partie insensible.

Concluons donc, que l'Appetit sensitif n'est rien qu'vne action de la phantaisie, qui ne discerne iamais les qualitez absoluës d'vn objet, qu'elle n'en iuge par relation à soy-mesme, comme luy estant conuenables, ou contraires. Nos Aduersaires ne voudroient pas nier cette verité : car ils reconnoissent que l'Appetit du cœur est aueugle, & qu'il n'a de connoissance que celle de l'Imaginatiue qui le conduit. Il faut donc que l'Imaginatiue iuge de la conuenance d'vn objet. Mais elle n'en peut iuger que par relation à soy-mesme: Elle ne connoist que ce qui luy est conuenable; & non-pas ce qui est conuenable à vne faculté insensible. Elle ne peut aussi connoistre ce qui luy est bon, qu'elle ne s'y ioigne, qu'elle ne l'embraſſe, & qu'elle ne le ſuiue, la Nature ayant donné cét inſtinct à toutes les choſes du monde de fuïr le mal, & de rechercher le bien. Si donc l'Imagination eſt capable de ces mouuemens, à quoy bon forger vne autre faculté expres pour le faire? Et ſi l'Imagination connoiſt vn objet, comme conuenable ou contraire, & que l'Appetit ſenſitif n'ait point d'autre objet, pourquoy le diſtinguez-vous de cette Imagination, en faiſant deux facultez, qui n'ont qu'vn meſme objet formel, ce qui eſt contre les regles de l'Eſchole? Diſons pluſtoſt, que l'Appetit ſenſitif ne conſiſte qu'au deſir, ou en l'auerſion que forme la phantaiſie pour ſes objets. En ſuite, ſelon la diuerſité de ſes inclinations, elle porte le corps vers l'objet, ou bien elle l'en retire, pour ſe ioindre, autant qu'elle peut, à ce qu'elle aime, ou pour fuïr ce qu'elle hait. Du moins, elle remuë les Eſprits, qui ſont comme ſes lieutenans, & les enuoye au deuant des objets de ſon Amour, ou elle les fait fuïr des ſujets de ſon auerſion. Ce mouuement des Eſprits & des Muſcles, n'eſt pas vn effect de l'Appetit ſenſitif: ce n'en eſt qu'vne ſuite, que nous auons appellée la troisiéme operation de la phantaisie, dont quelques-vns font vne faculté particuliere, qu'ils nomment la motiue.

Que ce n'est point dans le cœur, que se forment premierement les passions.

Chapitre XI.

ENcore que nous ayons prouué au Chapitre precedent, que le cœur n'est point le siege de nostre Appetit, il ne laisse pas d'y auoir de la difficulté à expliquer vne obiection du party contraire. Elle est fondée sur l'experience, qui nous enseigne, que c'est dans le cœur que les passions se font sentir; Et que selon les diuerses dispositions de cette partie on est plus ou moins exposé à certaines passions. Ceux qui ont le cœur chaud, sont plus coleres; ceux qui l'ont froid, sont plus timides. Ce qui fait croire auec beaucoup de vray-semblance, que le cœur est le principe, & le principal siege des passions, & par consequent de l'Appetit sensitif.

Ie répons, qu'encore que le cœur souffre dans les passions, il ne s'ensuit pas qu'il en soit le principal siege, parce qu'il n'y souffre que par accident & par sympathie. Et comme de ce que le cerueau deuient immobile dans les syncopes, extrauagant dans les fiévres, il ne faut pas inferer, qu'il soit le siege des syncopes & des fiévres. De mesme, de ce que le cœur est émeu dans la colere, & pressé dans la tristesse, il ne faut pas conclure, qu'il soit le principal siege de ces passions : mais seulement qu'il y sympathise.

Les autres parties du corps compatissent, aussi-bien que le cœur, aux passions de l'Appetit sensitif; Elles n'en sont pas pour cela le principal organe. Par exemple, le visage pâlit dans la crainte, rougit dans la honte, & souffre dans la colere l'vn & l'autre de ces changemens. Toutes les passions se lisent dans les yeux, & s'y trouuent empreintes par quelque charactere certain. Il y en a quelques-vnes qui font trembler tout le corps, & qui se font sentir iusques dans les cheueux. Neantmoins, personne n'a mis iusques à present l'Appetit dans les yeux, ni dans les cheueux. Il n'y a pas plus de raison à le mettre dans le cœur.

A la verité, s'il n'y auoit que le cœur qui fust esmeu ou alteré dans les passions, il y auroit quelque pretexte de dire qu'il en est le siege. Mais nous voyons que toutes les autres parties du corps en patissent, & que sur tout, le cerueau y est autant ou plus agité que le cœur. Il est certain, qu'il n'est point si aisé de connoistre les passions par le pouls & par les autres actions du cœur, comme il est facile de les connoistre par les actions du cerueau. Il est encore certain, que les passions mettent d'abord la ceruelle plus en desordre qu'elles ne font le cœur. Il faut qu'elles soient bien violentes, & de durée, si elles causent la fiévre, ou seulement quelque changement remarquable au pouls & à la respiration. Il n'en est pas ainsi des fonctions du cerueau : car les moindres passions les troublent & les inquiétent : Elles y destruisent le iugement, & renuersent l'ordre des connoissances. La colere échauffe le cerueau, & le fait boüillir : Elle agite confusément l'Imaginatiue, & fait sortir en confusion toutes les Especes de ces de la memoire. La crainte les fait difparoiſtre, & interdit ſi fort l'Imagination, qu'elle ne peut rencontrer vn mot d'vn diſcours, qu'elle aura long-temps eſtudié. Il y a des paſſions qui donnent de la force aux nerfs, & qui les affermiſſent, iuſques à faire marcher les Paralytiques. Il y en a d'autres, qui les font trembler, & qui rendent tout le corps immobile. Ainſi quand nous ne ſçaurions pas, que l'Appetit ſenſitif eſt dans le cerueau, & que nous ne l'aurions pas prouué par d'autres raiſons, nous ſerions bien fondez à le ſouſtenir, & le prouuerions ſuffiſamment par les deſordres que cauſent les paſſions dans les facultez animales du cerueau.

Durant toutes ces violences que l'Appetit exerce dans le cerueau, il eſt impoſſible que tout le corps ne s'é reſſente, à cauſe de la ſympathie qu'ont les moindres parties auec les plus nobles & les principales. Quand nous n'aurions mal qu'au bout du doigt, le cœur, & tout le reſte du corps y compatiroit. Faut-il donc s'étonner ſi le cœur ſouffre par ſympathie, lors que le cerueau eſt affligé, puis-que ces deux parties ſympathiſent plus que ne font pas tou-

F

tes les autres ensemble? Dés que le cœur est attaqué par la moindre vapeur, & qu'il souffre la moindre défaillance, le cerueau demeure interdit & sans action; Dés aussitost que le cœur est échauffé par quelque acces de fiévre, il communique sa chaleur, & ses déreglemens au cerueau, il y fait des inquietudes & des réveries. En échange, le cerueau ne peut rien souffrir qu'il n'en fasse part au cœur, d'où vient qu'il ressent les mouuemens de l'Appetit sensitif, & le desordre de ses passions. Et comme les moindres accidens qui arriuent au cœur, sont tres-connoissables & de tres-grande consequence pour tout le corps, il ne faut pas s'étonner si c'est dans le cœur, que l'on considere principalement les effets des passions. Il en est comme de ce que nous appellons le mal de cœur, que les Medecins disent n'estre qu'vn mal d'estomach. Cependant, parce qu'il cause des défaillances par sympathie dans le cœur: nous le considerons comme si le cœur en estoit le siege primitif. Nous parlons de mesme des passions, encore que leur principe & le lieu de leur origine soit dans le cerueau.

Il ne se faut pas non plus arrester à ce qu'on obiecte, que les diuerses dispositions du cœur, & ses diuers temperamens rendent les hommes plus suiets à certaines passions : car les diuers temperamens du cerueau, font la mesme chose bien plus manifestement, comme nous voyons en ceux qui ont la teste chaude, & en quelques autres. D'ailleurs, ce que fait le cœur en cette occasion, il ne le fait que par accident, en communiquant ses intemperies au cerueau; ce qui se fait par diuers moyens qu'il n'est pas necessaire d'expliquer icy. Il suffira de dire, que cela se fait par le moyen des Esprits qui s'engendrent dans le cœur, deuât qu'estre portez au cerueau, où encore qu'ils acquierent quelque nouuelle perfection, ils retiennent tousiours quelque chose du temperament du cœur, & se ressentent du lieu dont ils sont sortis : Or est-il que c'est par le moyen de ces Esprits principalement, que se forment les passions de l'Appetit sensitif, comme nous l'allons voir dans le Chapitre suiuant.

Comment se forment les passions.

Chapitre XII.

CE que nous appellons l'Appetit sensitif, n'appete ou ne desire pas tous ses objets; Il a de l'auersion pour quelques-vns. Ainsi nous donnons au genre le nom de l'espece. Nous faisons encore la mesme faute, lors que nous rapportons à l'Appetit irascible des passions, qui ne tiennent riē de la colere, comme la crainte, &c. Pour bien diuiser les actions de l'Appetit, & les passions qui en naissent; il faut considerer, que les objets qui les excitent, ne peuuent estre que de deux sortes, sçauoir bons ou mauuais, agreables ou desagreables. Secondement, il faut remarquer, qu'ils ne remuënt l'Appetit, que par leur bonté ou leur contrarieté. Delà il est tres-euident, qu'il n'y a donc dans l'Appetit que deux genres de mouuemens, dont l'vn est le desir pour les choses bonnes, l'autre est l'auersion pour les mauuaises.

De sorte que le desir n'est pas vne passion particuliere, comme quelques-vns se le figurent. Il y en a autant d'especes, qu'il y a de genres de choses que l'Imagination peut connoistre comme bonnes: D'ailleurs, le desir dont l'Imagination est capable, ne suppose pas que le bien soit absent ou à venir, ayant monstré ailleurs, que cette faculté ne connoist point le temps, & qu'il n'y a que la raison qui le cōnoisse. I'ay aussi prouué par exemples dans le mesme endroit, que l'on desire les choses presentes. Neantmoins, si quelqu'vn s'opiniastre de croire, que le terme de desir marque necessairement vne connoissance du temps à venir, il doit croire par consequent, que ce terme n'est pas propre à exprimer les mouuemens de l'Imagination ni de l'Appetit. Il doit dire inclination, & non pas desir. Quoy qu'il en soit, les especes de ce desir ou de cette inclination, sont l'amour, la ioye, l'appetit de vengeance, & toutes les autres choses que l'Imagination connoist luy estre conuenables. Les especes de l'auersion, sont la haine, la peur, la tristesse. &c

Il est aisé à iuger, qu'il ne peut y auoir d'autre sorte de mouuemens dans l'Appetit, si ce n'est que l'on vouluſt faire paſſer pour vne troiſiéme Eſpece, les paſſions qui ſont compoſées des deux premieres, comme ſont la colere, la honte, la jalouſie & l'emulation. Dans la colere, il y a vne triſteſſe du mépris que l'on fait de nous, auec vn deſir violent de s'en venger. La honte eſt vne triſteſſe d'auoir failly, auec vn deſir de faire mieux. Dans la jalouſie, il y a neceſſairement de l'amour & du deſir pour la perſonne aimée, auec vne auerſion pour les défauts que l'on s'imagine eſtre dãs cette perſonne aimée, comme l'inconſtance, la coqueterie, &c. Il y a pourtant de certaines jalouſies, où l'on ne meſle que de la crainte auec l'Amour, & d'autres où il y a de l'enuie que l'on porte à vn Riual. Quoy que c'en ſoit, c'eſt vne paſſion mixte, compoſée de deux ou trois autres. Dans l'émulation, il y a bien ſouuent les meſmes mouuemens que dans la jalouſie, ſçauoir l'enuie & le deſir. Mais lors que l'émulation ſe trouue ſans enuie, elle n'eſt qu'vn ſimple deſir. Cependant, elle eſt d'ordinaire mixte, auſſi bien que la jalouſie, & ne differe d'auec elle qu'au regard de l'objet qui n'eſt pas vn objet d'Amour, comme celuy de la jalousie. Pour reuenir à l'explication des deux principaux genres des mouuemens de l'Appetit, il se faut souuenir, que l'Imagination connoist premierement vn objet côme objet simplement; qu'en second lieu, elle le connoist côme agreable, & qu'en fin, elle s'en approche & s'y ioint autant qu'elle peut le faire. Elle enuoye aussi tous les Esprits du cerueau, pour aller comme au deuant, & luy en representer vne Image plus expressiue. Si l'objet est visible, tous les Esprits accourent dans les yeux en si grande abondance, & les remplissent si fort, que la prunelle s'en élargit tres-sensiblement, & que tous les autres sens en demeurent priuez & sans action. L'impetuosité auec laquelle les Esprits du cerueau sont agitez, est quelquefois si gráde, qu'ils entraisnent ceux du cœur auec eux, qui en demeure si appauury, qu'il en est arriué des défaillances & des morts subites. La mesme effusion d'Esprits se fait aussi par les oreilles, à l'ouïe de quelque bonne nouuelle. Ce ne sont pas seulement les Esprits du cœur qui sont attirez par sympathie, ce sont aussi les humeurs du foye, d'où vient que quelques-vns y ont logé l'Appetit con-

F iiij

cupiscible: Ils deuoient par la mesme raison y mettre aussi l'irascible, puis-que nous voyons que dans la colere, la bile monte du foye au cerueau, & que le sang monte au visage, & le fait rougir. En effect, il n'y a point de passion, où les humeurs soient si fort remuées que dans la colere. Que s'il n'en arriue pas tant de morts subites, que de la ioye ou de la tristesse, cela ne vient que de ce que la colere est vne passion composée du desir & de l'auersion, qui par consequent fait vn mouuement reciproque, & vn reflux dans les esprits & dans les humeurs, ce qui les empesche de se dissiper ou de s'étouffer.

Quand l'objet des passions n'est pas externe; & lors que l'Imagination contemple quelque idée agreable de la memoire, comme quand vn Amoureux pense à sa Maistresse qui est absente, quand dis-je cela arriue, tous les Esprits du corps accourent dans l'Imagination, & s'empressent si fort autour de cette idée, que tous les sens externes demeurent interdits, & comme en extase, l'Imagination ne discerne point lors, si l'objet est absent ou s'il est present. Elle ne laisse pas pour cela de s'égayer & d'estre diuertie par cette Image de la memoire, comme elle seroit de l'idée recente de quelque objet present, ainsi que ie l'ay expliqué ailleurs.

Voila quels sont les mouuemens des Esprits dans le desir: c'est à dire dans la ioye, dans l'Amour, &c. Ie ne parle point icy de l'Esperance, parce qu'elle suppose vne connoissance plus haute que celle de la phantaisie, qui est celle de l'Entendement. Neantmoins, en mesme-temps que l'Entendement connoist vn objet, comme vn bien absent, & qui est à venir, l'Image qui en est presentée à l'Imagination l'esmeut, comme si l'objet estoit present, & luy fait faire les mesmes mouuemens qui se font durant la ioye.

Mais il faut soigneusement remarquer, qu'encore que nous appellions l'Amour, la ioye, &c. des passions, elles sont pourtant composées d'action & de passion, & qu'encore que cela se fasse en mesme-temps, l'action doit en quelque sorte preceder la passion, comme il est aisé à conceuoir en l'Imagination qui agit, en ce qu'elle discerne la conuenance ou la contrarieté de l'objet, & en ce qu'elle meut les Esprits selon les differens mouuemens que luy font faire l'inclination & l'auersion. La phantaisie agissant, les Esprits patissent de l'impulsion qu'ils en reçoiuent, & tout le corps en souffre & s'en ressent par sympathie. Des deux parties qui composent ce mouuement, la passion est beaucoup plus connoissable : de là vient qu'elle a donné son nom au tout. Elle est aussi plus estenduë, parce qu'elle se communique par tout le corps, au lieu que l'action n'est proprement que dans le cerueau qui en est le principe. Ce n'est pas que le cerueau ne patisse en agissant. Tant s'en faut, il en patit tout le premier, & puis toutes les autres parties du corps y compatissent, comme ie l'ay expliqué au chapitre precedent. Il nous reste de dire vn mot de l'auersion, & de ses especes. Il s'y fait vn mouuement des Esprits, tout contraire à celuy que nous auons décrit cy-dessus : Ils fuyent de la presence de l'objet externe, & des idées fascheuses que l'Imagination conçoit : Ainsi ils abandonnent les sens externes, & quelquefois le cerueau, qui les chasse iusques dans le cœur. La veuë d'vn precipice nous esblouit tous les sens. La rencontre d'vne personne que nous craignons, ou de quelqu'autre épouuantail, nous concentre les Esprits iusques dans le cœur, où nous sentons qu'ils se pressent & qu'ils se suffoquent. D'où l'on peut inferer, que si l'Espece d'vne chose desagreable s'étendoit iusques dans le cœur, & que l'Appetit y fust, comme veut l'opinion de beaucoup de Philosophes, & que ce fust là que s'en fissent les operations ; Si cela estoit (dis-je) cette Image desagreable chasseroit les Esprits du cœur, comme elle les chasse du cerueau & bien-loin de les y étouffer, elle les feroit fuïr & les éparpilleroit vers les parties exterieures : c'est ainsi qu'en suite de l'auersion que la phantaisie forme d'vn objet, elle agit sur les Esprits, & par consequent sur toutes les humeurs de nostre corps. Le desespoir se forme de la mesme sorte, excepté qu'il faut que l'Entendement y contribuë : d'où vient que les bestes ne sont pas capables de desespoir, non plus que d'esperance. Et comme dans l'esperance nostre Entendement presente à l'Imagination l'idée d'vn bien à venir, qu'elle conçoit de la mesme sorte que s'il estoit present, ramassant tous ses Esprits à l'entour,

Dans le desespoir au contraire, l'Image du mal que l'Entendement apprehende, est si desagreable à la phantaisie, & y paroist si forte, qu'elle en chasse tous les Esprits, & y fait le mesme effect, que feroit vn objet present. A quoy contribuë beaucoup ce que l'Entendement ne trouuant point de remede au mal, ni aucune idée agreable, dont il puisse amuser l'Imagination, & y retenir les Esprits; ils se retirent dans le cœur, & abandonnent l'Imagination, qui demeure sans défense, exposée à la mercy des plus fascheuses Images qu'elle puisse conceuoir.

C'est par là que ie veux finir ce que i'auois à dire de la nature des passions en general. Ie sçay-bien que l'on peut former là dessus quantité d'obiections, & de questions particulieres: Il n'y en a pourtant point dans les liures que i'ay leu que l'on ne puisse facilement resoudre par les principes que ie viens de poser.

C'est par là aussi que ie finiray ce premier Liure, & ce que i'y voulois expliquer touchant la nature & les actions de l'Imagination. Ce n'est pourtant pas tout ce qui s'en peut dire. Vn des Comtes de la Mirandole, & vn Medecin de Louuain en ont écrit des liures entiers, aufquels ie n'ay pas voulu toucher. I'aime mieux vous y renuoyer, & vous en recommander la lecture. Ie referue à la fuite de ce traitté, à confiderer de quelle façon l'Imagination agit, lors qu'elle agit conjointement auec les autres facultez, ne l'ayant confiderée icy que comme agiffant toute feule, & comme elle opere deuant que fes Images ayent efté communiquées aux autres fonctions de noftre Ame.

Fin du premier Liure.

TRAITTÉ DE L'ESPRIT DE L'HOMME, DE SES FONCTIONS, ET de ses connoissances.

LIVRE SECOND.

CHAPITRE PREMIER.

Que la Memoire differe de l'Imagination.

SI l'Imagination & la Memoire, estoient vne mesme chose, il faudroit que tous les Animaux qui ont de l'Imagination, eussent aussi de la Memoire: c'est à dire qu'il faudroit que tous les Animaux en eussent, puis-que nous auons prouué qu'ils ont tous cette faculté interne, qui reçoit, & qui discerne les Images des objets, & qu'ils ont tous l'Appetit sensitif & la vertu motiue: cependant, il y en a, comme les mousches, & quelques autres insectes, en qui vous ne sçauriez remarquer aucun signe de memoire, si ce n'est que vous voulussiez dire, que c'est par memoire, que les mousches à miel retrouuent le lieu dont elles sont sorties, ce que i'ay attribué ailleurs à quelques autres causes. Quoy qu'il en soit, nous ne voyons rien dans les autres mousches, qui nous marque qu'elles ayent de la memoire ; Il semble qu'elles ne soient touchées que par les objets presens, & qu'il ne leur reste aucune Image du passé. Quád vous les chasseriez mille fois de dessus ce qu'elles aiment, elles n'y reuiendroient pas auec moins d'ardeur; Ce que le bon Homere attribuë à grandeur de courage, iusques-là qu'il en fait vne comparaison pour l'vn de ses Heros, à qui il donne vn cœur de mousche. Cela marque plutost vn défaut de memoire : car s'il leur restoit quelque idée de la peur qu'õ leur a faite en les chassant, cette idée les intimideroit &

leur cauferoit quelque auerfion & quelque retenuë. En general tous les Animaux qui ne font capables d'aucune difcipline, n'ont point de memoire: car s'ils en auoient & qu'il leur reftaft quelque Image d'vne action qu'on leur auroit fait faire, cette Image faciliteroit l'Imaginatiue à refaire par apres la mefme action. On fe trompe de croire, que c'eft la timidité qui empefche que certains Animaux ne foient difciplinables. Ie n'en connois point de plus timides que les liévres, & neantmoins, i'en ay veû qui auoient beaucoup profité de l'inftruction qu'on leur auoit donnée. I'ay de mefme veû des bifches que l'on auoit bien difciplinées. Il faut donc que les moufches qui font moins timides que les liévres, ayent en elles quelque autre défaut que celuy du courage, qui les rend incapables de difcipline; Et que fi elles n'apprennent rien, que ce ne foit par faute de memoire.

Il eft donc euident, que l'Imagination peut eftre fans memoire, & qu'ainfi ce font deux chofes differentes. Cette difference n'eft pas feulement au regard des degrez d'vne mefme faculté. Car il faudroit que ce fuft, ou la connoiffance des objets, qui

qui fuſt le plus haut degré, ou que ce fuſt la retention des Images; Ce ne peut eſtre la retention des Images, parce que cette retention n'eſt rien qu'vne paſſion, moins noble par conſequent, & moins releuée que la connoiſſance, qui eſt l'action la plus haute que puiſſe faire vn animal. Secondement, la conſeruation des Eſpeces ne ſe fait qu'afin qu'elles ſeruent à la connoiſſance de l'Imagination; Elle a ſon rapport à l'action de cette faculté qui eſt dans les animaux la ſurintendante & la maiſtreſſe, la Memoire n'eſt que ſa ſeruante. Il eſt donc conſtant, que ſi ces deux facultez ne different qu'au regard du degré, l'Imagination doit eſtre le plus haut degré. Ainſi où eſt le plus haut degré, là doit eſtre le plus bas, & il ſe doit rencontrer de la memoire par tout où il y a de la connoiſſance. Or eſt-il que cela n'eſt pas vray, & qu'il ſe rencontre des Imaginations qui ne ſont accompagnées d'aucune memoire: Elles ſont par conſequent differentes, & leur difference eſt plus grande que celle qui ſe rencontre entre deux diuers degrez de meſme faculté.

Cette difference n'eſt pas ſeulement re-

G

marquable dans les bestes; Elle l'est dans les hommes, particuliérement aux enfans nouuellement nez. Ils ont l'Imagination, & discernent les Images qui viennent de dehors; Mais ils n'ont du tout point de memoire: Ils n'ont ni l'exercice, ni la faculté: parce que cette faculté est materielle & resulte de la disposition de son organe, qui n'ayant encore pas le temperament qui est requis pour la retention des Especes, ne peut pas en auoir la faculté.

Parmy les hommes auancez en aage, il y en a quelques-vns sans memoire, & qui n'en ont iamais eu. I'en ay rapporté ailleurs vne histoire celebre parmy les Anatomistes; Elle est d'vn homme qui connoissoit bien ce qui luy estoit bon, & s'en accommodoit quelque part qu'il le rencontrast: Et quoy qu'il en eust esté chastié, & menacé de la corde, il ne s'en souuenoit point, & ne se cachoit point pour prendre tout ce qu'il iugeoit luy faire besoin. I'ay veu des hommes, à qui des Apoplexies & des playes à la teste auoient fait perdre la memoire, sans leur oster la connoissance des choses presentes. Il y a dans Monsieur de Thou vne histoire assez remarquable de Theodore de Beze, qui les deux dernieres années de sa vie n'auoit aucune memoire. Il n'auoit pourtant point perdu les vieilles idées; mais les nouuelles n'y faisoient plus aucune impression. Il se souuenoit de tous les pseaumes Hebreux & de beaucoup d'autres choses qu'il auoit apprises en sa icunesse. Il les redisoit sans y manquer: Mais vn moment apres il ne se souuenoit point de les auoir dittes, ni d'aucune actiō qu'il eust faitte depuis vn certain temps. Cette histoire me seruira dans la suitte de ce liure à quelque autre dessein: mais maintenant ie ne m'en veux seruir qu'à monstrer la difference qui est entre l'Imagination & la Memoire.

Cette difference se peut encore prouuer par la diuersité des organes, & par la separatiō que la Nature en a faitte: Nous auons monstré cy-dessus, que l'Imagination auoit son siege dans le deuant du cerueau. Et nous monstrerons cy-apres, que c'est dans le derriere que reside la Memoire; c'est à dire dans le petit cerueau, qui est absolument separé du grand. S'il est donc vray que les organes en soient differens, les facultez seront differentes, si tant est qu'il n'y ait

G ij

point de difference entre la faculté & son principal organe. Neantmoins, il ne faut pas prendre cette doctrine, comme si nous disions que deux organes qui sont separez, emportent necessairement difference entre les facultez qui y sont establies. Nous sçauons bien que les yeux ont vne mesme faculté, encore qu'ils soient separez l'vn de l'autre, & qu'encore que les nerfs des pieds & des mains soient fort éloignez les vns des autres, ils n'ont point de facultez qui soient differentes: Mais ces organes ont vne mesme conformation, & vn mesme temperament; au lieu que le temperament du petit ceruceau differe de celuy du grand, & que la structure de leurs ventricules est fort differente. D'ailleurs, la nature de ces facultez est telle, qu'elles exigent de necessité qu'il y ait de la difference entre les temperamens de leurs organes. Nous auons veû que l'Imagination est incompatible auec la secheresse, qu'il luy faut de l'humidité, aussi bien que de la chaleur, pour l'exercice de ses fonctions. Nous verrons cy-apres, que la Memoire a besoin d'vne disposition qui soit contraire à celle-là: qu'elle demande vne mediocre secheresse; que lors qu'il y a trop d'humidité, & que le temperament de la phantaisie s'y rencôtre, les Especes ne s'y arrestent point, non plus qu'en la phantaisie, si elles ne sont fort recentes. Il est donc certain que les dispositions de ces deux facultez sont differentes, & plus que differentes, puisqu'elles sont côtraires; Et par consequent, que les facultez mesmes doiuent differer, puis-qu'elles ne resultent que de la disposition des parties où elles sont. D'où vient que comme on est bien fondé d'inferer, qu'il doit y auoir de la diuersité aux organes, parce qu'il y en a aux facultez; De mesme, nous sommes bien fondez de conclure, que les facultez sont differétes, puisque leurs organes different, sur tout s'il est vray que les organes & leurs facultez ne soient qu'vne mesme chose.

Il est bien clair, qu'vne mesme partie ne peut pas auoir deux temperamens contraires; Et tout ce que l'on peut respondre, c'est qu'vne mesme partie du cerueau excelle en Imagination lors qu'elle est humide, & qu'elle excelle en Memoire lors qu'elle est seche. Qu'ainsi il n'est pas necessaire, qu'vne mesme partie ait des disposi-

G iij

tions contraires, cette contrarieté ne se rencontrant qu'en diuers hommes.

Ie refuteray plus exactement cette responſe, en traittant de la diuerſité des Eſprits. Maintenant ie me contente de dire, qu'il y a des hommes qui excellent en Imagination & en Memoire, & que quand les exemples n'en ſeroient pas ſi ordinaires, & qu'il ne s'en ſeroit trouué qu'vn ſeul, il ſuffiroit pour monſtrer que les organes en ſont differens : parce qu'il eſt impoſſible que deux qualitez contraires ſubſiſtent en meſme temps dans vn meſme ſubjet. Que ſi l'Imagination & la Memoire eſtoient abſolument la meſme choſe, qu'elles n'euſſent qu'vn meſme organe, & qu'vn meſme temperament, il ſeroit impoſſible d'auoir l'vne excellente, que l'on n'excellaſt auſſi en l'autre, ce qui n'arriue pourtant pas touſiours.

Apres tout, ſi la faculté qui diſcerne les Eſpeces, eſtoit la meſme que celle qui les garde, toutes les Eſpeces ſeroient en tout temps également preſentes à l'Imagination, qui eſt vn des plus forts argumens que l'on puiſſe apporter pour monſtrer cette diuerſité. Nous ne nions pas qu'il ne ſe fasse quelque retention des Images, qui sont fortes ou recentes dans la phantaisie, ainsi que nous l'expliquerons au Chapitre suiuant, où nous monstrerons qu'elles troublent toutes nos connoissances: Mais nous nions qu'elles y soient toutes retenuës, & qu'elles y soient également presentes. Témoin la difficulté qui se rencontre quelquefois dans la Reminiscence, & la peine qu'il y a de les representer à l'Imagination, encore qu'elles soient dans la Memoire.

Au reste, il est bon que tout le monde sçache ce que d'autres ont expliqué, qu'encore que l'on mette la Memoire entre les facultez, & les puissances de l'Ame : c'est neantmoins, vne faculté sans action, & vne puissance purement passiue, elle ne fait que receuoir & conseruer les Images, comme la cire conserue la figure d'vn cachet: Elle ne les discerne point, & ce n'est point elle qui les represente à l'Imagination, lors qu'il s'y fait vne Reminiscence: l'Imagination & l'Entendement y agissent, la Memoire n'est point capable d'agir. Ce qui aide à nous monstrer sa difference d'auec l'Imagination.

Que dans le lieu où s'xerce l'Imagination, il se fait quelque retention d'Especes.

CHAPITRE II.

Vous verrez dans la suite de ce Chapitre, que ce que i'y pretends prouuer, ne renuerse point ce que i'ay estably au Chapitre precedent. Mais il faut premierement monstrer, qu'il y a des Images qui sont retenuës pour quelque temps en l'Imagination: l'experience nous l'apprend assez, & qu'il s'y en areste quelquefois plus que nous ne voudrions, qui s'y rendent bien importunes par le long sejour qu'elles y font. I'ay connû vn homme, qui s'estoit trouué en prison, & en danger d'estre condamné à mort, qui ne pouuoit parler d'autre chose, que de la peine qu'il auoit euë d'en échapper. Ciceron pensoit nuit & iour à Lentulus & Catilina. Il n'entretenoit ses amis, & ses ennemis, que de la ruïne qu'il auoit faite de leurs desseins.

Vne fille amoureuse rencontre son seruiteur en toutes ses pensées: Elle ne sçauroit faire vn conte sans l'y méler. Il ne sort aucune Espece de sa Memoire, qui ne rencontre cette chere Image en son chemin, & qui ne s'y ioigne en l'Imagination. L'auersion fait quasi la mesme chose : Et ie sçay des hommes qui ont telle antipathie pour quelques autres, que vous ne leur sçauriez rien dire, ni parler d'aucune chose, qu'ils n'adiouftent incontinent, Si vn tel y auoit esté, il eust fait ou dit telle chose. Ce que nous voulons prouuer, est particulierement remarquable en cette sorte de folie que l'on appelle melancholie, où l'Esprit demeure eternellement arresté sur vne seule idée, qui est attacheé à l'Imagination, & qui y est quasi aussi fixe qu'elle pourroit estre dans la Memoire. Il arriue quelque chose d'approchant à toutes les personnes affligées, & nous connoissons qu'elles ont quelque Image arrestée en leur Esprit, lors qu'elles ne peuuent penser ailleurs, ni parler d'aucune autre chose.

Il falloit bien que celuy dont nous auons parlé au Chapitre precedent, qui ne se souuenoit point des chastimens qu'il auoit receus, & en qui on ne trouua point apres la mort de petit cerueau, qui eſt l'organe de la Memoire : Il falloit bien (dis-je) qu'il retint quelque idée de ce qui luy faiſoit beſoin, & que cette retention s'en fiſt dans le lieu où eſt l'Imagination. Ce n'eſt pas qu'il n'euſt perdu auſſi bien l'idée de ſes vtilitez que des chaſtimens, ſi elle ne luy euſt eſté ſouuent renouuellée.

Apres tout, nous ne pouuons pas douter qu'il ne ſe faſſe quelque retention dans l'organe de l'Imagination, ſi nous conſiderons deux choſes. L'vne eſt, que l'organe de la Memoire n'ayant point d'action, les Eſpeces n'y ſont quaſi retenuës qu'en vertu du temperament, & que la figure n'y contribuë que fort peu. L'autre choſe qu'il faut conſiderer, c'eſt qu'encore qu'il y ait de la diuerſité de temperament entre les parties anterieure & poſterieure du cerueau, elle n'eſt pas ſi grande qu'elle puiſſe abſolument empeſcher, qu'il ne ſe faſſe au deuant du cerueau quelque choſe d'approchant de ce qui ſe fait dans le derriere, c'eſt à dire vne retention de peu de durée, ſemblable au reſte à celle de la Memoire.

Neantmoins, on peut former là deſſus

diuerses difficultez, & demander premierement, s'il n'est pas vray que quelques hommes ont dans le deuant du cerueau le mesme temperament, que d'autres ont communément au derriere? Et si en ce cas-là, on doit croire que la retention se fasse dans leur phantaisie, aussi forte qu'elle se fait dans nostre Memoire? Ie répons, que ce cas-là ne se rencontre peut-estre iamais: & que s'il se rencontroit vne Imagination qui eust le temperament de la Memoire, elle seroit aussi lente en ses connoissances, comme est la Memoire en ses retentions. Ie veux dire, que comme il faut reïterer diuerses fois vne Image à la Memoire, deuant qu'elle s'en souuienne bien, de mesme, il faudroit presenter cette Image diuerses fois à la phantaisie, deuant qu'elle la discernast distinctement; Vn homme qui seroit temperé de la sorte, seroit necessairement stupide ou hebeté. Ceux-là aussi sont hebetez, qui ont dans l'organe de la Memoire le mesme temperament, qui doit estre dans celuy de l'Imagination. Ils ressemblent aux Enfans, & sont dans vne enfance perpetuelle, parce que leur Memoire estant trop humide, laisse écouler & confondre les Especes : & comme elle a le temperament de la phantaisie, aussi n'est-elle capable, non plus que la phantaisie, de retenir d'autres Especes, que celles qui sont recentes ou souuent renouuellées. Ie répons secõdement, que quand l'organe de l'Imaginatiue auroit le temperament de la Memoire, il ne sçauroit retenir tout ce que retient celuy de la Memoire : parce qu'estant dans vn mouuement perpetuël, pour faire l'attention dont nous auons parlé au liure precedent, & les Esprits y estant continuëllement agitez par les representations exterieures de nouueaux objets, il faut que les Images s'y confondent & s'y effacent pour ces raisons, & pour quelques autres que nous dirons cy-apres.

Mais vous demanderez peut-estre, s'il se fait quelque connoissance, & quelque discernement dans l'organe de la Memoire, de mesme qu'il se fait quelque retention dans celuy de la phantaisie? Ie répons, qu'il n'y a point de consequence de l'vn à l'autre : parce que la connoissance estant plus noble & plus releuée, requiert des dispositions particulieres, qui ne se rencontrent que dans son propre organe. Secondement, l'Imagination est vne vraye faculté, qui est organique, & qui par consequent dépend de la figure particuliere de son organe. Si ses actions dépendoient principalement du temperament, comme la retention des Images, elles se pourroient faire dans tout le cerueau, aussi bien que la retention. Enfin, i'estime que s'il se faisoit quelque discernement dans le lieu où se conseruent les Especes, elles ne s'y logeroient pas toutes, agreables & desagreables indifferemment, comme elles font: outre qu'il arriueroit de la confusion, comme ie l'ay cy-deuant remarqué.

Par là vous voyez bien qu'encore que i'attribuë à l'Imagination quelque vertu d'arrester les Especes, ie ne la confonds pas pour cela auec la Memoire. Car ce n'est qu'vne retention passagere, qui ne merite presque pas le nom de retention, & qui a besoin d'estre à toute-heure entretenuë, ou par de nouueaux objets, ou par vne meditation continuëlle. Secondement, encore que les Images s'arresteroient dans le lieu de l'Imagination, aussi fortement que dans la Memoire, l'Imagination & la Memoire ne seroient pas vne mesme chose. Il en seroit de cette retention, comme des facultez vegetatiues, qui sont dans l'organe de l'Imagination; & pour cela ne sont pas l'Imagination, & ne sont pas capables de discerner les objets, de mouuoir l'Appetit sensitif, ni de remuër toutes les parties du corps, comme fait cette faculté Imaginatiue.

Au pis aller, la retention des Especes ne se fait pas dans toutes les parties du cerueau d'vne mesme sorte. Il en est de ses diuers ventricules, cõme de l'estomach & des intestins, où l'on dit qu'à cause qu'ils sont à plus prés de mesme substance que l'estomach, il se fait quelque espece de coction des alimens, quoy que moins parfaittement que dans l'estomach. Il vaut encore mieux dire, que l'Imagination est au regard de la Memoire, ce qu'est l'œsophage à l'esgard de l'estomach. Les Medecins appellent œsophage, ou œsophague le canal qui porte le boire & le manger de la bouche dans l'estomach. Ils disent que la viande reçoit dans la bouche, & dans ce conduit quelque degré de coction : qu'elle y en receuroit dauantage, & tout autant que dans l'estomach, n'estoit que sa conformation naturelle n'est pas propre pour en faire la retention, parce qu'il est percé par les deux bouts. De mesme, l'organe de l'Imagination est percé par les deux extremitez, & n'a point d'obstacle qui arreste les Especes & les empesche d'aller plus loin. Mais il faut qu'elles demeurent dans le quatriéme ventricule du cerueau, parce qu'il est le dernier, & que ces Images ne pouuant pas s'estendre plus auant, elles y sont reflechies & retenuës, sur tout puisqu'elles y rencontrent le temperament & la consistence qu'il faut pour les retenir. On pourroit dire aussi, que comme ç'a esté le dessein de la Nature, que l'œsophage fist couler en bas, tout ce qu'il reçoit pour faire place à de nouueaux morceaux : de mesme, il a fallu que la phantaisie fist écouler ses Images, pour faire place à de nouuelles representations. Et comme encore que l'œsophage ne soit pas fait pour rien garder de ce qui passe au trauers, il ne laisse pourtant pas d'en retenir quelque teinture, & d'en donner le goust à la bouche, qui y reste bien-souuent plus que nous ne voudrions, sur tout lors que c'est vne saueur qui nous est nouuelle, ou qui nous est desagreable. De mesme, encore que l'Imagination ne soit pas faite pour garder les Especes, elle ne laisse pas d'en garder quelques-vnes pour vn temps, & pour plus long-temps que nous ne voudrions, sur tout lors que ce sont les Images desagreables de quelque déplaisir que nous auons receu. Ainsi les nouuelles idées, & ausquelles nous ne sommes pas bien accoustumez, s'arrestent plus long-temps en nostre phantaisie, & neantmoins, ne se logent pas si facilement en nostre Memoire. Toutes sortes de nouueautez nous occupent plus opiniastrément l'Imaginatiue, que ne font pas les objets ordinaires. Cela se reconnoist particulierement en dormant: car si vn homme de lettres va contre sa coustume à la chasse ou à la pesche, il chassera infailliblement & peschera en songe toute la nuit. Ce qui arriue beaucoup moins à ceux qui sont accoustumez à cette sorte d'exercices. Vn Mathematicien pourra lire vn iour entier dãs Euclide, sans songer la nuit à ses demonstrations: Mais il ne sçauroit lire vn liure de Theologie ou de quelque autre science qui ne luy est pas familiere, que son sommeil ne soit interrompu

rompu par les visions de ces nouuelles idées. Neantmoins, sa Memoire conseruera beaucoup mieux ce qu'il aura leu dans vn liure de Mathematique, qu'elle ne conseruera ces nouueautez qui luy ont si long-temps exercé l'Imagination. Nous dirons la raison de cette diuersité, lors que nous prouuerons que toutes les facultez sensitiues sont ennemies des nouueautez, que l'Imagination les rebutte & s'en inquiete, & qu'il n'y a que l'Entendemét qui retienne l'Imagination sur cette sorte d'objets. Si l'Entendement auoit le mesme pouuoir sur la Memoire, elle conserueroit beaucoup mieux les nouuelles idées qu'elle ne fait, & il ne faudroit pas les luy reïterer si souuent, & l'y accoustumer deuant qu'elle les gardast. Cela mesme sera plus clair, lors que nous aurons aussi prouué, que les Images des objets ont de la sympathie pour celles qui leur sont semblables, & qu'elles s'vnissent dans la Memoire, par le moyen de cette sympathie. Si cela est, il ne faut pas beaucoup s'estonner, si les Images des nouueaux objets vaguent dans la phantaisie, & si elles ne s'arrestent pas si facilement dans la Memoire que les autres, puis-qu'il

H

n'y a rien qui les y attire, ni qui les y arreste. Outre que la phantaisie reccuant cette sorte de nouuelles idées, les refléchit du costé qu'elles viennent, & empesche qu'elles n'entrent si aisément dans la Memoire.

:※※※※※ ※※ ※※※※※:

Que la retention des Images de la Memoire, ne se fait pas dans les Esprits.

CHAPITRE III.

ENcore que Fracastor ait merueilleusement bien traitté de la connoissance, il n'a pas laissé de rencontrer fort mal en quelques endroits, sur tout en ceux où il parle de la conseruation des Especes & de la Memoire. Il veut que ce soit dans les Esprits du cerueau, & non pas dans la partie solide, que se fasse cette conseruation, ce qui est contre toute apparence de raison. Ie sçay bien que les Esprits sont plus propres à reccuoir la ressemblance des objets, & la premiere impression de leurs

Images, que n'est pas vne substance plus solide. Mais cette premiere reception n'est pas ce qui fait la Memoire. C'est la retention & la longue durée de ces Images. Or est-il que nous sçauons par experience, que les corps fluides ne retiennent point les figures qui leur sont imprimées ; De là vient que les enfans ne se souuiennent de rien, tant qu'ils ont le ceruéau fort humide. Si est ce que pour molle & fluïde que soit la ceruelle d'vn enfant, elle a sans comparaison plus de fermeté & de solidité, que les Esprits desquels nous parlons icy.

Ie sçay bien encore, que ceux qui suiuent Fracastor, trouuent beaucoup de facilité à expliquer par leurs principes, cet euanouïssement si ordinaire des Especes, & l'oubly qui s'en fait dans la Memoire. Mais cette raison ne suffit pas pour appuyer cette opinion, ni pour ébranler la nostre : car quand les figures dont nous parlons, seroient grauées sur du cuiure, elles s'effaceroient à la fin. Il ne faut donc pas s'estonner si elles se perdent dans le ceruéau. Il faut plutost s'estonner de ce qu'elles y demeurent si long-temps, & dire que ceux qui ne leur donnent autre soustien qu'vn corps si subtil, & qui se dissipe en vn moment, ne rendront iamais raison de la longue retention qu'en font ceux qui ont bonne memoire. Nous sçauons tous par experience, que la nature de ces Especes est plutost de s'éuanoüir, que de subsister. Ainsi il leur faut assigner vn subjet qui remedie à leur défaut naturel, & qui supplée par sa solidité à la subsistance que d'elles mesmes elles ne peuuent pas auoir.

D'ailleurs, si les Esprits estoient aussi bien destinez à conseruer les Especes, comme ils sont destinez pour en faire la premiere reception, il s'ensuiuroit que comme durant les syncopes il ne se reçoit point de nouuelles Especes, il ne s'en conserueroit point aussi de vieilles. A chaque défaillance ou dissipation d'Esprits qui nous arriueroit, nous oublierions tout ce que nous sçauons iusques à nostre propre nom, & nostre Memoire deuiendroit aussi vuide, qu'elle l'estoit au point de nostre naissance.

Apres cela, si vous lisez les obseruations des Medecins, recueillies par Schenchius & par quelques autres, vous en trouuerez de diuerses personnes, à qui les maladies ont fait perdre la Memoire des mois

& des années entieres. Ils ne retenoient abſolument rien pendant tout ce temps-là. Quand ces gens-là furent gueris, ils ſe ſouuenoient de tout ce qu'ils auoient appris auant leur mal. Mais ils ne ſe ſouuenoient de rien de ce qu'ils auoient veû, & de ce qu'ils auoient fait durant leur maladie. Où eſt-ce donc, ie vous prie, que s'eſtoient conſeruées ces Images ſi long-temps, ſi ce n'eſt en la plus ſolide ſubſtance du cerueau? Ce n'eſtoit pas dans des Eſprits qui leur fuſſent reſtez de leur premiere ſanté. Ce n'eſtoit pas auſſi dans ceux que leur cerueau malade r'engendroit à toute-heure ; Car puis-qu'ils n'eſtoient pas capables de conſeruer les Eſpeces les plus recëtes des choſes qu'ils auoient veuës pendant leur mal, il n'eſtoit pas poſſible qu'ils conſeruaſſent les vieilles idées. D'autre part, ſi ces vieilles idées ſe fuſſent conſeruées dans les Eſprits des malades, ils n'en euſſent pas perdu vn moment le ſouuenir, parce qu'elles euſſent touſiours eſté auſſi preſentes à l'Imagination, que celles des objets qui frappoient les ſens externes.

Que les ſectateurs de Fracaſtor ne nous diſent donc plus, que les Images ne ſubſistent dans le cerueau, qu'à cause que les nouueaux Esprits y prenant la place de ceux qui s'y dissipent, se chargent aussi dés mesmes Images, & qu'on peut expliquer leur longue durée par là. Les experiences que i'ay apportées s'y opposent; celles de tous les vieillards y sont encore plus contraires. Car ils remarquent tous, sans exception, qu'ils se souuiennent beaucoup mieux des choses qu'ils ont apprises en la fleur de leur aage, que de celles qu'ils ont apprises depuis peu de temps. Nous en rendons facilement la raison par nos principes. D'où nous concluons, que lors que la substâce du cerueau est trop seche, les nouuelles Especes n'y peuuent faire que des impressions superficielles qui s'effacét aisément, & ne les peuuent pas faire si profondes, que du temps que le cerueau auoit moins de dureté & de secheresse. Mais s'il falloit que les Images changeassent à toute heure de subjet, & qu'elles s'imprimassent de nouueau à mesure que les Esprits se r'engendrent, les vieilles ne s'imprimeroient pas plus-tost ni plus profondément que les nouuelles, qui se reçoiuent par les sens externes. Ie dis bien plus, c'est que les nouuelles deuroient durer plus long-temps que les vieilles: Car comme les objets presens émeuuent beaucoup plus les vieillards, que ne font pas les idées du passé, il faut que la representation de ces objets presens soit plus forte dans les Esprits, que celles qu'y font les vieilles Images. Partant, puis-que leur impression est plus forte dans les Esprits, elle deuroit durer plus longtemps, que celle que les anciennes idées y renouuellent à mesure que les Esprits se r'engendrēt. La production des vnes & des autres, seroit également nouuelle. Mais la cause qui produit celles qui sont recentes, est beaucoup plus efficace, puis-que c'est l'objet mesme. Ainsi il faudroit que son effect fust plus durable. Que si neantmoins, il ne dure pas tant, la Memoire doit estre autre chose que cette impression dans les Esprits: & l'organe en doit estre autre chose que ces Esprits, puis-que les nouuelles idées ont tant de peine à s'y imprimer & à s'y conseruer, & que les vieilles ne s'affoiblissent pas si fort, comme elles deuroient faire, si elles auoient besoin de se r'engendrer à toute-heure, & de s'imprimer sur vn subjet, où d'autres plus fortes

H iiij

Especes ne peuuent faire d'impression qui soit permanente.

● Apres tout, nous verrons cy-apres, que les Especes de la Memoire ne doiuent paroistre dans les Esprits, qu'au temps que l'Imagination en a besoin & les doit reconnoistre, & que si elles y estoient toutes presentes à la fois, comme veut l'opinion de Fracastor, elles y causeroient vne trop grande confusion.

Voila les raisons qui me persuadent, que ce n'est pas dans les Esprits que se fait la retention des Images. Si elles ne suffisoient pas, nous en pourrions adjouster beaucoup d'autres, & nous pourrions outre cela demander à Fracastor, d'où vient que certains hommes ont le cerueau remply d'Esprits, qui sont tres-purs & tres-lumineux, lesquels, neantmoins, n'ont presque point de Memoire. Cela ne pourroit pas estre, si ces Esprits en estoient l'organe; Car estant abondans comme nous les supposons; & ayant toutes leurs qualitez naturelles au plus haut degré de perfectiō qu'ils les peuuent auoir, ils doiuent faire parfaitement tout ce à quoy la Nature a destiné de les employer. Si donc ils ne retiennent pas les Especes, lors qu'ils se trouuent en cét estat, ce nous est vne preuue que la Nature n'a pas eu dessein de les employer à cette retention.

Quel est le propre organe de la Memoire.

Chapitre IV.

Ie ne sçay si l'on ne m'accusera point de ne pas obseruer la proprieté des termes, lors que i'attribuë vn organe à la Memoire, qui n'a point d'action, & qui proprement n'est pas vne faculté. Quoy qu'il en soit, elle a vn instrument passif: qui est vne partie du cerueau, où les Especes s'arrestent & se fixent. Ie croy auec l'opinion commune, que c'est la partie posterieure, & ce que l'on appelle le petit cerueau. Les preuues de cette opinion ne sont pas si fortes que ie le souhaitterois: Elles sont neantmoins, fort probables, & me semblent estre d'autant plus dignes que l'on s'y areste, qu'elles ne sont contrariées que par vne histoire qui nous est restée d'vn Chirurgien, qui se vante d'auoir tiré tout le petit cerueau, sans qu'aucune des fonctions de l'Esprit en fust incommodée. Mais qui ne voit, que ce Chirurgien estoit de l'humeur de quelques autres, qui se glorifient d'auoir tiré de grosses portions de la substance des visceres, lors qu'ils en ont separé quelques atomes. S'il eust dit simplement, que la Memoire n'auoit receu aucune incommodité de cette perte, on eust peu le croire. Mais en disant que pas vne faculté n'en fut incommodée; c'est dire que cette partie ne sert de rien; que la Nature l'a separée sans dessein d'auec le reste du cerueau, & sans luy auoir destiné aucun vsage. Ainsi tout ce que l'on peut dire pour son excuse, c'est que ce Chirurgien viuoit dans vn siecle où l'Anatomie n'estoit pas bien connuë. L'histoire que i'ay rapportée cy-dessus, est bien plus considerable: Elle est d'vn Autheur digne de foy, qui ne trouua point cette partie du cerueau dans la teste d'vn homme, qui durant sa vie n'auoit du tout point de Memoire. On a aussi remarqué, que ceux qui ont l'eminence du derriere de la teste plus grande que les autres, ont dauantage de Memoire, si ce n'est qu'il se rencontre quelque intemperie. On obserue que les contusions que l'on reçoit en cette partie, sont les plus dangereuses pour la Memoire. Les apoplexies causent plus d'affoiblissement en la Memoire, qu'en aucune autre faculté: parce que leur matiere est d'ordinaire contenuë en cét endroit, ou dans le principe des nerfs qui en est tout proche. Les remedes qui s'appliquent exterieurement, profitent plus à renforcer la Memoire estant appliquez au derriere, que si l'application s'en faisoit ailleurs. Apres cela, puis-que nous auons prouué que la Memoire doit estre logée separément de l'Imagination qui est dans la partie anterieure, il est fort probable que la Memoire est dans le petit cerueau, qui est separé du grand par vne forte membrane, n'y ayant qu'vn petit canal qui fasse la conjonction de leurs ventricules. C'est pour cela que la Nature a donné à cette partie bien plus de fermeté & de secheresse, qu'à tout le reste du cerueau, afin qu'elle puisse mieux retenir les Images; & qu'elle l'a placée tout au derriere, afin que ces Images ne pouuãt pas s'estédre plus loin, s'y arrestent & en soient refléchies. Quelques Anatomistes remarquent que son ventricule n'est pas reuestu de membrane, comme les trois autres. Ce qui pourroit bien auoir esté fait, afin que les Especes s'imprimassent mieux en sa substance.

Au reste, ie me pourrois encore seruir d'vne raison qui est fort commune, & qui est prise de ce qu'on se gratte le derriere de la teste pour faciliter la reminiscence par ce mouuement, qui sert à exciter les Images dans la Memoire, ou bien à y attirer les Esprits, afin de rendre ces Images plus visibles. Mais puis-que nous auons assez d'autres raisons plus fortes, & que celle-cy est sujette à beaucoup de difficultez, ie n'ay pas dessein d'en appuyer nostre opinion.

Quel est le temperament de la Memoire.

Chapitre V.

Aristote nous a laissé vn Chapitre de la Memoire, qui merite bien d'estre leu par tous ceux qui ont de la curiosité pour cette doctrine. Il enseigne, que dans vne partie du corps animé, il se fait, par le mouuement des sens, comme vne portraiture des choses externes; que la Memoire n'est que l'habitude de cette impression: que le mouuement des sens s'imprimant, y laisse comme vne figure des choses connuës par le sentiment, de mesme que si elles estoient marquées auec vn cachet: que quelquefois l'aage & les maaldies empeschent qu'il ne s'en fasse autre impression, que celle que feroit vn cachet tombant dans vn courant d'eau : que les Especes qui s'impriment aux vieilles gens, s'écoulent ou à cause de la dureté du subjet qui reçoit, ou à cause que le subjet s'écoule luy-mesme : que dans les corps des ieunes gens qui croissent encore, il n'y a point d'arrest: que ceux qui ont l'esprit pesant ne retiennent rien par trop d'humidité, ni ceux qui l'ont trop vif, par trop de secheresse : que la secheresse n'est pas propre à receuoir, ni l'humidité à retenir.

Ce discours d'Aristote nous fait voir, quelle estoit son opinion, touchant le temperament de la Memoire, qui n'est autre chose que la retention des Images. C'est ce qu'il appelle l'habitude de l'impression, que l'on peut nommer plus clairement vne impression habituëlle, qui est (à ce qu'il dit) incompatible auec l'humidité. Il est pourtant vray que la reception des Images se deuant faire dans la Memoire, il faut qu'elle ait quelque humidité pour faire cette reception. Mais l'humidité n'y doit pas estre égale à celle de l'Imagination, qui ne doit rien retenir de tout ce qu'elle reçoit. Il faut que la secheresse y préuale, afin d'y faire la retention, & empescher que les Images ne s'en écoulent. Il est encore vray, que ceux qui apprennent fort facilement, & qui oublient auec la mesme facilité, doiuent necessairement auoir l'organe de la Memoire humide. Mais ce n'est pas proprement auoir de la Memoire, que de l'auoir temperée, en sorte qu'elle ne fasse pas ce à quoy la Nature a destiné cette faculté. Son vray vsage c'est de retenir, c'est par là que tous les Philosophes l'ont definie ; Il luy faut par consequent vn temperamét qui y cause de la fermeté & de la resistence ; Et il ne faut pas que cette grande humidité y soit, qui fait que l'Imagination comprend

DE L'ESPRIT. 127

si facilement toute sorte d'objets, & se laisse imprimer auec facilité, la figure de toutes sortes de caracteres : Elle les retiendroit de mesme, & n'oublieroit iamais rien de ce qu'elle auroit vne fois conceu, s'il estoit vray qu'il fallust vn mesme temperament pour conseruer les Images, que pour les receuoir facilement, & que la Memoire dependist de la mesme disposition que fait la phantaisie. Ce que nous experimentons tous les iours, qu'il faut souuent reïterer à la Memoire l'impression d'vne Image, deuant qu'elle y soit bien imprimée, nous monstre que son organe n'est pas humide, & qu'il est de tout autre temperament que celuy de l'Imagination. Quand nous n'auriõs, outre cela, autre raison pour monstrer la difference de leur temperament, que celle que nous tirons de ce que ce sont deux facultez differentes, elle suffiroit, à mon aduis pour nostre dessein. Mais il nous en reste beaucoup d'autres, prises de diuerses experiences: Et premieremét, nous voyons que les cerueaux qui sont legers, & que l'humidité rend susceptibles de toutes sortes d'impressiõs, n'ont d'ordinaire point de Memoire, si ce n'est pour quelque peu de temps. Les Enfans n'en ont point du tout, tant que leur cerueau est fort humide : & apres cela, ils en ont encore si peu, qu'il n'y a point de vieillard, qui à moins que d'estre hors du sens, n'ait plus de memoire que n'en ont les Enfans. Ils ne retiennent rien, que comme i'ay monstré cy-dessus que l'Imagination retient : c'est à dire qu'il leur faut vne forte impression des Especes ; & que l'admiration qui est inseparable de cét aage, aide à les arrester : ou bien il faut incessamment leur renouueller, parce que leur memoire n'ayant autre temperament, que celuy qui se rencontre dans la phantaisie des personnes faites, elle n'est pas capable d'aucune autre plus forte retention. D'ailleurs, s'il est vray que la Nature ait choisy le derriere du cerueau pour y loger la Memoire : c'est vn signe que cette faculté a besoin de quelque secheresse & de quelque fermeté en son organe, pour empescher que les Images ne s'y effacent : de là vient qu'elle se perd lors que le cerueau vient à estre humecté par quelque accident. Nous sçauons par l'experience de beaucoup d'hommes, que l'yurongnerie & les apoplexies ruïnent plus la Memoire,

qu'auqu'aucune autre faculté, dautant qu'elles relaschent la partie posterieure du cerueau par le moyen d'vne humidité superfluë.

De mesme, ceux qui dorment immediatement apres le repas, s'affoiblissent de ce costé-là, parce que durant le sommeil il se fait vne grande euaporation humide au cerueau. Les Phlegmatiques sont les plus oublieux : les Melancholiques au contraire, ont autant de facilité à retenir les vieilles idées, qu'ils ont de peine à receuoir les nouuelles. I'ay quelquefois consideré, quels sont les remedes dont les Medecins se seruent d'ordinaire pour fortifier la Memoire : & i'ay veu qu'ils sont de vertu dessechante ; ce qui suffit pour faire voir que la secheresse est le vray temperament de la Memoire. Cela se peut encore confirmer par vn argument, tiré de ce que l'exercice que nous donnons à nostre Memoire, la fortifie, parce qu'il la desseche. Ie le monstreray ailleurs plus au long, & me contenteray de répondre icy à l'Examinateur des Esprits, qui dit, que l'exercice ne desseche point le cerueau, qu'il ne fait que le pestrir & le r'amollir, comme nous r'amollissons de la cire en la maniant. Mais cét Autheur dissimule ce que tout le monde sçait, que comme l'oisiueté relasche toutes les parties par vne humidité superfluë, l'exercice les desseche manifestement, ce qui est particulierement vray du cerueau, que nous sçauons estre asseché par les veilles & les meditations. Il n'est point vray que la representation des Especes, ni le mouuement des Esprits pestrissent le cerueau: c'est vne façon de parler metaphorique, qui paroistroit ridicule, si on l'exprimoit par quelque sens qui ne fust point figuré. Il n'est point vray encore, que la cire deuienne plus humide, lors qu'elle est pestrie. Elle en deuient bien plus molle, parce qu'on l'échauffe: Mais cette mollesse ne dure qu'autant que dure la chaleur, que le maniement y auoit imprimé. Elle durcit apres, autant ou plus qu'auparauant. D'ailleurs, il n'est pas du cerueau comme de la cire, qui n'est rien qu'vne humeur huileuse condensée par froid, & qui retourne à sa consistence naturelle, lors qu'elle est deliurée du froid qui l'espaississoit. Le cerueau estant d'autre nature, & ne deuant pas à la froideur ce qu'il a de fermeté, ne se peut pas r'amollir par la chaleur ni par l'exercice. Enfin, s'il eſtoit vray que l'exercice peſtriſt le cerueau comme de la cire, il ſeroit tres-dangereux à la Memoire, parce qu'il en effaceroit toutes les Images, de meſme qu'on efface toutes les figures imprimées ſur de la cire en la maniant & r'amolliſſant.

L'Examinateur des Eſprits obiecte en ſecond lieu, que les tableaux en huile ne s'effacent iamais. Par où il prouue que l'humidité ſert à retenir les Eſpeces de la Memoire. Ie répons, que l'huile contribuë moins à cét effet par ſon humidité, que par ſa viſcoſité : de là vient que tous les tableaux en huile s'effacent fort aiſément, iuſques à ce qu'ils ſoient deſſechez. Les figures n'y ſont point aſſeurées tant qu'il y reſte de l'humidité. Par où l'on peut iuger, que cette qualité n'eſt pas propre pour la Memoire.

Il obiecte en troiſiéme lieu, qu'en iettant de l'huile ſur de vieux caracteres demy-effacez, ils deuiennent plus liſibles. Ie ne veux pas diſputer de la verité de cette experience, encore qu'elle ne m'ait pas bien reüſſi : Quoy qu'il en ſoit, quand il vous plaira de l'éprouuer, vous remarque-

I ij

rez, que l'huile nuit, plutoſt que de ſeruir iuſques à ce qu'elle ait eu le temps de s'y deſſecher & d'euaporer la plus grande partie de ſon humidité : ie l'ay diuerſes fois obſerué ſur vn vieux liure mal imprimé.

Les autres obiections de cét Autheur, ont eſté expliquées fort au long dans mes Conſiderations ſur Charron, où i'ay monſtré qu'elles ſont trop foibles pour nous faire douter de l'opinion commune. Ie defererois plus à la ſeule authorité de l'Examinateur des Eſprits, que ie ne ferois à tous les raiſonnemens qu'il apporte ſur cette matiere. En effet, c'eſtoit vn bon eſprit, & qui ſçauoit l'art de bien écrire. Mais en cette occaſion, & en quelques autres où il a tres-mal reüſſy, il vaut mieux ſuiure Platon, Ariſtote & les plus doctes d'entre les Arabes, qui veulent que la ſechereſſe ſoit neceſſaire pour la Memoire. Cependant, remarquez, s'il vous plaiſt, qu'ils veulent, que cette ſechereſſe ſoit mediocre, & qu'elle demeure dans les bornes du temperament : Car outre que toutes les intemperies ſont preiudiciables à toutes ſortes de fonctions, nous ſçauons par experience, que lors que la ſechereſſe de la Memoire se rend exceffiue, elle empefche l'impreffion des Efpeces. Cela fe remarque en tous les vieillards. Nous en auons veû cy-deffus vne hiftoire, rapportée par Monfieur de Thou, d'vn homme à qui l'aage & l'eftude auoient tellement feché le cerueau, que les nouuelles Images ne s'y arreftoient non plus que fur vn miroir. Peu s'en faut que Seneque le Rheteur ne fe plaigne de la mefme infirmité, laquelle fe rencontre encore à prefent en beaucoup d'autres.

Quelques-vns croyent, qu'il faut qu'auec la fechereffe, il y ait de la chaleur, afin d'aider aux fonctions de la Memoire: Neantmoins, la chaleur y feroit fort inutile: c'eft vne qualité agiffante, que la Nature n'employe que lors qu'elle veut agir: Ainfi elle ne feruiroit de rien à la Memoire, qui n'a point d'action, & qui n'a befoin que d'vn temperament de refiftence. Elle y feroit plutoft incommode, parce qu'elle y confondroit les Images, par l'agitation continuëlle des Efprits.

De la retention des Images.

CHAPITRE VI.

Encore que nous ne puissions pas bien expliquer par quelle vertu c'est que les Images s'attachent plutost à la Memoire qu'à aucun autre sujet, la chose ne laisse pas d'estre certaine. L'experience nous enseigne, que les Especes qui se perdent en l'air dés que l'objet disparoist, s'arrestent fixement en nostre Memoire, & se representent au besoin à nostre Imagination. Elles y font les mesmes effets, que si elles sortoient immediatement de l'objet : Elles font rire vn homme seul, elles le font parler, & luy font faire les mesmes gestes, que causeroit l'objet s'il estoit present. Il faut qu'vn Peintre ait certaines idées bien fortement imprimées en sa Memoire, puisque sans les reuoir, il les exprime parfaittement en vn tableau. Ie n'ay iamais peû comprendre l'opinion de ceux, qui soustiennent qu'il ne nous reste rien des objets apres qu'ils ont disparu : c'est à dire que nous n'auons point de memoire, ou du moins que nostre Memoire n'est rien autre chose qu'vne action de nostre Esprit, par laquelle il forme les idées de ce qu'il veut connoistre ; sans qu'il luy reste aucun exemplaire, sur lequel il puisse former ces idées. Ie voudrois que cete opinion fust veritable : Elle nous deliureroit de la peine que nous auons d'apprendre les sciences, & de nous souuenir de ce que nous auons appris. Car par ce moyen nostre Esprit se formeroit luy mesme les Images dont il auroit besoin, & il en formeroit de toutes les choses du monde indifferemment, aussi bien de celles qu'il n'auroit pas veuës, que de celles qu'il auroit veuës. Sans partir d'icy, il dresseroit la carte de la terre Australe, & découuriroit le chemin que les Hollandois ont cherché sous nostre Pole. Ils diront sans doute, que nostre Esprit ne peut former les Images, que des choses qu'il a connuës par le sentiment. Mais ils ne me sçauroient dire, pourquoy il forme les Images des choses qu'il a connuës, plutost que des autres, puis-que, selon leur doctrine, il ne luy reste rien des vnes, non plus que des autres: Et ils ne sçauroient dire encore, d'où vient que nous oublions tellement certaines choses que nous auons veuës, qu'il est impossible que nostre Esprit se les represente: ou seulement d'où vient que nous auons quelquefois tant de peine d'en faire la reminiscence? Ie leur demande aussi, pourquoy nous ne pouuons pas perdre la Memoire des choses que nous voudrions oublier, & d'où vient que sans dessein & contre l'intention de nostre Esprit, les idées qui sont fascheuses le troublent, & le diuertissent lors qu'il est occupé ailleurs? Puis-qu'il est attentiuement occupé sur vn autre objet, il ne peut pas former cette triste idée qui le vient inquieter, & qui subsiste en sa Memoire, malgré les autres diuertissemens qu'il se donne. Ceux qui tiennent l'opinion commune de la retention des Images, ne trouueront en tout cela aucune difficulté, non plus qu'à expliquer les objections de leurs aduersaires.

Ces Images s'attachent si fort à la Memoire, qu'encore qu'elles n'y soient plus connoissables, il en reste tousiours quelque chose, que le temps & les changemens qu'il apporte, ne font pas capables d'effacer. Encore qu'il vous femble auoir abfolument oublié le nom d'vn homme, que l'on ne vous a nommé qu'vne feule fois, l'idée n'en eft pas perduë. Car fi elle l'eftoit, il ne vous fouuiendroit pas mieux de ce nom là, à la fecõde, & à la troifiéme fois, qu'à la premiere; Non pas mefmes à la centiéme. Il faut donc bien qu'à chaque fois que ce nom vous eft redit, il s'en arrefte quelque Image dans la Memoire. Nous voyons fouuent, que les Enfans que l'on enuoye dans les païs eftrangers pour en apprendre la langue, oublient tellement leur langue maternelle, qu'à leur retour ils n'en fçauent pas vn mot. Mais pour longue qu'ait efté cette abfence, ils r'apprennent plus de François en vne femaine, qu'vn Eftranger ne feroit en deux mois. Il y a quantité d'hommes de lettres, qui ne fçauroient dire vne parole des leçons qu'ils ont apprifes dans les baffes claffes: cependant, toutes les fois qu'ils voudront effayer de les r'apprendre, ils y trouueront fans comparaifon plus de facilité, que s'ils ne les auoient iamais fceuës. Il eft donc neceffaire, que les anciennes Images fuffent restées en leur memoire, encore qu'elles fussent si affoiblies, que de n'y estre plus connoissables. Cela semble merueilleux, & il est bien difficile à comprendre, comment des Especes qui s'éuanouïssent si facilement par tout ailleurs, peuuent subsister si long temps en ce lieu-là.

Il y a quelques Autheurs qui croyent que cela seroit fort aisé à expliquer, si l'on receuoit la doctrine des Atomes, & qu'on voulust mettre les Especes des objets au nombre des corps, & des substances qui ont la vertu de subsister d'elles mesmes; au lieu que les accidens pour réels qu'ils puissent estre, se perdent en vn instant, s'ils ne sont conseruez par l'influënce continuëlle de leur subjet. Pour moy, ie n'ay iamais bien compris cette doctrine des Atomes; ie me reserue à la bien estudier, lors qu'vn sçauant homme aura mis au iour la Philosophie d'Epicure, qu'il a expliquée auec vn grand trauail. Ceux qui le connoissent n'en attendent rien de mediocre: Et il me tarde fort qu'il ne m'ait desabusé des preiugez que i'ay contre cette doctrine, & contre ceux qui en ont esté les premiers Autheurs. Pour reuenir à nostre sujet, quand les Especes intentionelles seroient des Atomes, il n'y auroit pas moins de difficulté à expliquer la longue durée qui s'en fait dans la Memoire : car de quelque nature qu'elles soient, il est constant qu'elles se perdent ailleurs en vn moment dés que l'objet s'éloigne, & qu'elles sont abandonnées à elles-mesmes. Ainsi la difficulté reste tousiours la mesme ; Et il faut qu'elles doiuent cette longue subsistence à autre chose, qu'à elles-mesmes, & qu'elles l'empruntent de la vertu du sujet où elles sont conseruées, puis-qu'elles ne peuuent pas l'auoir de leur nature. Ie dis bien plus, c'est que si les Images de la Memoire estoient des Atomes & des substances, elles ne dureroient point tant qu'elles font, parce qu'elles se dissiperoient à toute-heure, à moins que d'estre continuëllement fortifiées par les objets exterieurs. Et au lieu que nous experimentons que la meditation reïterée les renforce, elles se perdroient par-là ; Et ce seroit vn moyen asseuré d'oublier quelque chose, que d'y penser à tous momens.

Cette vertu de conseruer les Images est propre, & particuliere au cerueau : c'est à dire que l'on n'en peut pas rendre vne raison bien precise, & que l'on se doit contenter de celles qui sont generales. Il n'y a pas, neantmoins, en cela plus de merueille, qu'en toutes les autres proprietez specifiques. Tant s'en faut qu'il se faille estonner que le cerueau ait vne vertu, que toutes les autres choses n'ont point : qu'il se faudroit plutost estonner, s'il n'auoit aucune faculté qui luy fust particuliere. La Nature ne l'a fait que pour cela, Et puisqu'elle a donné à chaque partie de nostre corps, & à chaque partie du monde, des fonctions qui leur sont propres, il n'y a pas lieu de trouuer estrange, qu'il se fasse dans le cerueau vne retention qui ne se peut faire ailleurs, & qu'il ait la vertu de conseruer des Images, que tous les autres sujets du monde laissent perdre. Il est de ces Images, comme du fer qui se porte tousjours en bas, s'il n'est retenu par l'Aiman, & il n'y a point d'autre corps qui ait la vertu de le retenir. Nous n'en sçauõs pas la raison particuliere. Nous sçauons seulement en general, qu'il y a vne grande sympathie entre ces deux corps, & que le fer entretient & accroist la force de l'Aiman. De mesme,

DE L'ESPRIT. 141

nous sçauons qu'il y a vne grande sympathie entre la Memoire, & toutes sortes d'Especes. Nous sçauons encore, que les Especes sont des actes qui perfectionnent cette puissance, & que plus on y loge de ces Images, & plus elle se rend forte & vigoureuse. De sorte qu'il ne se faut pas estonner si elle les retient, malgré la subtilité de la matiere: tout de mesme que la pesanteur du fer ne peut empescher, qu'il ne soit retenu par vn autre corps, qui en retire vn accroissement de force.

La semence des Animaux perd en vn moment toute sa vertu, si elle est receuë ailleurs que dans la matrice. En tout autre lieu elle cesse d'estre semence, & d'estre feconde: iusques-là que toute la puissance des Demons n'est pas capable de conseruer ailleurs la moindre partie de sa fecondité. Il en est ainsi des Images des objets, qui sont les semences, dont s'engendrent & se forment nos pensées: Hors du cerueau qui est leur matrice, & le lieu naturel de leur conseruation; elles cessent d'estre ce qu'elles sont, & s'éuanoüissent en vn instant.

En general, toutes les formes materielles

se perdent dés qu'elles se trouuent hors du sujet, à qui la Nature a donné les dispositions requises pour leur conseruation. Il n'est pas aisé de sçauoir quelles sont ces dispositions, qui seruent au cerueau à retenir les Especes. Nous sçauons neantmoins, que le temperament duquel nous auons parlé au Chapitre precedent, y contribuë beaucoup. Nous en pouuons encore tirer quelque éclaircissement de ce qui arriue aux Enfans, que l'Imagination des Meres a marquez de quelque couleur, ou de quelque figure. Puis donc que nous voyons sur ces petits corps, quelque chose d'approchant aux impressions qui se font en la Memoire, il se faut vn peu arrester sur cét exemple. En effet, c'est bien le plus propre qui soit en la Nature, pour expliquer la retention des Images dans le cerueau : car nous voyons que ce qui n'estoit qu'vne disposition passagere dans la phantaisie d'vne femme, deuient sur le corps d'vn Enfant vne habitude tres-fixe, tout ainsi que dans la Memoire. Ce qui n'estoit qu'Image d'objet dans l'Imagination de la Mere, deuient objet sur l'Enfant, & enuoye d'autres Images, qui le font reconnoistre à nos sens. De mesme, les Especes deuiennent objets dans la Memoire, & de là elles enuoyent d'autres Especes dans l'Imagination, lors qu'elle a besoin de les reuoir. Et comme nous experimentons, que lors que les parties exterieures du corps d'vn Enfant se refont, & se renouuellent par la nourriture ; ce qui suruient de nouueau, prend la mesme teinture, & la mesme impression qui estoit aux parties qui se dissipent. Il en arriue de mesme à l'organe de la Memoire ; Il est dans vn flux perpetuël, aussi bien que les autres parties du corps. Ses Images ne se perdent pas pour cela, parce que ce qui se refait par la nourriture, se charge des mesmes Images qui estoient grauées dans les parcelles du cerueau qui se dissipent.

Mais il faut obseruer, que lors que le temps a vn peu affermy le corps d'vn Enfant au ventre de sa Mere, l'Imagination a beaucoup de peine à le marquer. Et que hors vne certaine mediocrité qui est entre la dureté & la mollesse, la Mere a beau se trauailler l'esprit de phantosmes, elle n'en imprime rien au corps de son Enfant. Ainsi dans le cerueau, il faut que la secheresse y soit temperée de quelque humidité; qu'il y ait assez de mollesse pour receuoir les Especes, & assez de solidité pour les retenir. Il faut aussi, que comme c'est l'Imagination qui marque le corps d'vn Enfant, cette mesme faculté agisse pour faire l'impression des Especes dans la Memoire. D'où il arriue qu'il nous souuient beaucoup mieux de ce qui a fortement émeu nostre Imagination, que des choses qui ne l'ont touchée que legerement. Il faut enfin, que les Esprits contribuënt à cét effet, qu'ils charient les Especes sur le corps de l'Enfant, & qu'ils soient comme le vehicule, & comme le pinceau qui fait l'application des couleurs. La mesme chose doit se rencontrer au cerueau, & il faut que ce soient les Esprits qui leur impriment les Images. Voila quelles sont les dispositions de la Memoire que nous connoissons. Il y en a, sans doute, encore quelques autres, que nous ne connoissons pas, & dont Dieu s'est voulu reseruer le secret, aussi bien que de la plusparc des choses naturelles, dont il semble que nous n'ayons de science, que ce qu'il en faut pour nous en faire naistre l'admiration, & le desir d'en sçauoir dauantage.

Que

Que ce ne sont pas les seules figures des objets qui sont retenuës en la Memoire.

CHAPITRE VII.

VN sçauant homme témoigne dans la quatriéme de ses lettres, qu'il n'approuue pas ce qu'enseigne l'opinion commune, touchant la façon que les Especes s'impriment au cerueau. Il ne veut pas que leur impression ressemble à celle que fait vn cachet sur de la cire. Il aime mieux comparer l'organe de la Memoire à vne feüille de papier que l'on plie en diuerses figures, selon la diuersité des choses que l'on veut representer. Il dit que comme lors que vous estendez cette feüille, vous en remarquez tous les plis, les vns apres les autres, dans l'ordre qu'ils ont esté faits. De mesme, lors que vous recitez vne harangue, le cerueau se déplie, & fait voir à vostre Esprit tous les plis & toutes les figures que vous auiez faites en vostre Memoire, lors que vous appreniez cette harangue.

Cette opinion ne me sçauroit plaire : car tous ceux qui ont veû la substance & la conformation du cerueau, sçauent bien qu'il ne peut pas estre plié & déplié de la sorte. Secondement, ils sçauent que quand il le pourroit estre, ce ne seroit pas par les figures des objets, & qu'elles n'ont pas assez d'actiuité pour cela, & qu'il ne seroit pas possible que ces plis se conseruassent si long-temps. Pour le troisiéme, si les figures de la Memoire ne peuuent estre reueuës qu'en dépliant le cerueau ; il s'ensuiuroit qu'en repensant à vne harangue, & en la recitant, on la deuroit oublier : car puis-que ces plis sont les seules Images qui restent en la Memoire, il faut bien que les Images d'vne harangue se perdent, lors que les plis du cerueau se défont. Cependant, l'experience nous enseigne le contraire, & nous fait connoistre que plus on redit vn discours, & plus on l'attache à la memoire. Ainsi le cerueau se deuroit plier plus fort durant ce recit : c'est à dire qu'il se deuroit plier, & déplier en mesme temps, ce qui est impossible. En quatriéme lieu, cette opinion ne peut tout au plus seruir, qu'à expliquer la memoire que nous auons de la figure des objets; Et il faut éclaircir par autre voye la memoire qui nous reste des couleurs, des saueurs, & des autres qualitez sensibles.

Ce sçauant homme a voulu préuenir cette derniere difficulté: c'est ce qui luy a fait dire, qu'en effet il n'y auoit que les seules figures des objets qui fissent impression au cerueau: que les autres qualitez ne s'y impriment point, qu'elles n'y sont connuës que par le moyen des figures, comme lors que nous connoissons qu'vne beste a passé en nostre chemin, lors que nous y voyons que la figure de ses pieds y est imprimée.

Si ce discours estoit veritable, & que les seules figures eussent esté suffisantes de faire connoistre toutes les autres qualitez, la Nature ne nous eust point donné le sentiment de ces autres qualitez: Elle ne nous eust point donné le goust, l'ouïe & l'odorat, qui sont des sens qui ne discernent point les figures; Ce n'est point par les figures que nous connoissons le son, les saueurs & les odeurs. Il nous arriue aussi bien-souuent de sentir la chaleur & la froideur de l'air, & de nous souuenir de les auoir senties, encore que nous ne sçachiõs point quelle est la figure de l'air, & par consequent qu'il ne nous en puisse pas souuenir. Ie puis me souuenir d'auoir veû vne couleur ou vne lumiere, sans qu'il me souuienne de la forme exterieure de ce que i'ay veû de lumineux & de coloré. Il me souuiendra d'auoir veû vn de mes amis à cheual, sans pouuoir dire de quelle couleur estoit son cheual; ce qui seroit pourtant necessaire, si les figures qui restent en la memoire suffisoient pour representer la couleur.

Si l'on nous monstroit deux cheuaux de mesme taille, dont l'vn fust blanc, & l'autre fust noir: nous ne pourrions pas nous souuenir de leurs differences; parce qu'il ne nous reste rien, selon cette opinion, que l'Image de leur figure, qui estant absolument la mesme, ne peut pas seruir à les faire distinguer. Apres tout, si cette opinion estoit veritable, il n'y a point d'aueugle qui ne discernast parfaittement les couleurs par l'attouchement des choses colerées. Car puis-que vous ne luy sçauriez mettre vn œuf en la main, qu'il n'en reconnoisse la figure, & qu'il ne s'en souuienne en suitte ; il deuroit donc aussi se souuenir de la couleur. Ma raison est, qu'il luy reste dans la memoire tout autant d'idées de cét œuf, qu'il en reste à vn homme clair-voyant : & qu'il se souuient de la figure, qui est la seule chose, par laquelle nostre Esprit se peut representer les couleurs. Que si son Imagination ne se les represente pourtant pas, il faut qu'il manque quelques Especes à sa Memoire, & que ces Especes soient differentes de celles des figures, qui est tout ce que i'auois entrepris de monstrer.

Mais, direz-vous, d'où vient donc que nous pensons à vn cheual, en voyant la seule figure de son pied ? Ie répons que cela se fait par cette sorte de connoissance, que Fracastor appelle subnotion, & que i'expliqueray bien au long, en traittant de la Reminiscence. Ie me contente de dire icy, que lors que nous voyons vn cheual, nous voyons aussi la figure que son pied imprime sur la terre : De là vient que nous plaçons ces deux Images dans vn mesme endroit de nostre memoire, & que l'vne estát renouuellée par vn objet externe, l'autre se renouuelle en mesme temps. Cela est tel-

K iij

lement vray, qu'il seroit impossible qu'vn homme qui n'auroit iamais veû de cheual, s'en peust representer vn en esprit, encore qu'il vist la figure de son pied. Il faut donc dire, que la figure n'est pas d'elle mesme representatiue d'aucun autre objet, mais seulement, qu'elle excite quelque Espece qui a la vertu de la representer.

Ie lisois, il y a quelque temps, vn autre Moderne, qui dit quasi les mesmes choses que ie viens d'examiner: Il prouue son opinion par l'exemple des caracteres que l'on écrit, parce qu'en les lisant, ils nous font souuenir de choses auec lesquelles ils n'ont aucun rapport naturel, mais seulement vn rapport d'institution, qui n'est fondé sur aucune ressemblance. Par exemple, nous verrons quelques caracteres au bas d'vne lettre, qui nous font penser au nom d'vn homme, à sa taille, & à son visage. Cét Autheur infere de là, qu'il n'est point necessaire que les Images des objets externes soient conscruées dans la Memoire, ni qu'elles ayent aucune ressemblance des choses qu'elles representent. Ie répons que les caracteres ne representét point le nom d'vn homme; c'est à dire, ce son articulé dont on l'appelle, & que ce n'eſt que par accident, qu'ils nous y font penſer, ainſi que ie l'ay expliqué cy-deſſus; Mais qu'ayant dans vn meſme point de ma Memoire l'Eſpece de ſon viſage, celles de ſon nom, & des caracteres dont il eſt exprimé, mon Imagination ne peut voir vne ſeule de ces Images, qu'elle ne voye & ne connoiſſe les autres. Ainſi c'eſt la figure que ſon viſage a autrefois imprimée en ma Memoire, qui me repreſente le viſage : c'eſt l'Eſpece qui m'eſt reſtée de la couleur de ſon poil, qui me fait penſer à cette couleur. Tout ce que font les Images des caracteres, c'eſt de conduire mon Imagination dans le lieu de ma Memoire, où ſont logées ces autres Images, ce qui fait qu'elle les y voit par occaſion & par accident, comme ie l'expliqueray plus au long, en parlant de la Reminiſcence.

K iiij

Du nombre des Images de la Memoire, contre Fracastor.

CHAPITRE VIII.

FRacastor n'a peû croire que ce nombre presque infiny de choses que nous connoissons, peust auoir des Images distinctes dans la Memoire: Il veut qu'il n'y ait que les qualitez du troisiéme genre, que l'on nomme passibles, qui en puissent auoir. Il n'y a, dit-il, que huict ou dix Especes en toute la Memoire, c'est à sçauoir, quatre pour les premieres qualitez, vne seule pour la couleur, vne pour la lumiere, & ainsi du son, de l'odeur & de la saueur. Ces neuf Especes suffisent, dit-il, pour toutes sortes de connoissances, & peuuent former diuerses pensées à l'infiny, selon les diuers assemblages que nostre Esprit en fait, auec diuerses modifications, comme sont le nombre, la quantité, la figure, le lieu, la situation, le mouuement, l'action, la distance, la ressemblance & autres relations. Il met quelquesfois au mesme rang ; la dureté, la mollesse, l'épaisseur, l'aspreté. Il appelle tout cela modes ou modifications, parce, dit-il, que nostre Esprit n'en iuge iamais separément, & ne les connoist qu'entant qu'elles sont iointes à quelqu'vne des neuf Images qu'il a cy-dessus exprimées.

Cette opinion ne me pleut iamais, parce qu'elle fourmille de difficultez. I'en apporteray seulement quelques-vnes, & mostreray premierement, que quand il n'y auroit en la Memoire autres Especes que celles des qualitez passibles, il faudroit qu'il y en eust des milliers: car les idées que nous auons des couleurs & des saueurs, ne sont pas formées par vne couleur generale, ou par vne saueur generale : mais par vne telle couleur ou saueur en particulier. Ainsi il faut qu'il y ait autant de differentes Images de couleurs, comme il y a de differentes couleurs en la Nature. Il en sera de mesme des saueurs, des odeurs, & des autres qualitez. Ie n'apprehende pas que l'on me réponde, que les couleurs particulieres ne font impression en nostre memoire, que de ce qu'elles ont de general & de commun entr'elles. Cette réponse seroit impertinente, en ce qu'elle supposeroit vn estre general, separé des estres particuliers, & vne abstraction réelle de generalitez, qui auroient préuenu toute operation de l'Entendement, ce que la Logique a solidement refuté.

Secondement, si toutes les diuerses couleurs n'estoient representées en la Memoire que par vne seule idée, comment est-ce que nostre Esprit en feroit le discernement? Comment est-ce que ie me pourrois souuenir de la diuersité, qui est entre le blanc & le noir, entre vne bonne odeur & vne mauuaise? Si nous n'auions vne idée d'odeur d'ambre distincte en nostre Memoire, de celle de l'odeur du musc, nous ne pourrions pas discerner l'vne de l'autre, ni les distinguer d'vn grand nombre d'autres odeurs particulieres.

Ce ne sont pas seulement les differentes qualitez, qui doiuent auoir differentes Images en nostre memoire, ce sont aussi les differens degrez d'vne mesme qualité. Par exemple, il y a deux ou trois mille plantes, qui regardées confusément nous paroissent toutes de mesme couleur: Et neantmoins, quand vous les examinerez de prés, à peine en trouuerez-vous deux, qui ayent abſolument la meſme verdeur. Il eſt meſme veritable, que chaque genre de plantes, change de verdeur, ſuiuant ſes diuers aages, & les diuers degrez de ſon accroiſſement, ſans prendre la couleur d'aucune autre plante. Les parfaits Herboriſtes ſçauent diſcerner toutes ces differences, & par conſequent ils ont dans la memoire pluſieurs milliers d'idées d'vne ſeule couleur, & en peuuent auoir autant de chacune des autres, & en auoir encore de tout autant qu'il y a de genres & de degrez parmy les ſons, les ſaueurs & les odeurs, qui eſtant toutes iointes enſemble, ne peuuent compoſer qu'vn tres-grand nombre, & fort different de celuy de Fracaſtor.

Il ne luy a de rien ſeruy de dire, que toutes ces Images ne ſont differentes, qu'entant qu'elles ſont diuerſement modifiées, c'eſt à dire diuerſement coniointes auec quelque figure ou quelque lieu, &c. Car encore que vous changiez vn objet de figure & de ſituation, il ne change pas pour cela de couleur, & il ne me fait pas changer l'idée que i'en ay dans la memoire. Que i'aye veû deux hommes de meſme taille, dont l'vn soit blanc, & l'autre noir : & que ie les aye veus en mesme lieu, situation, action & distance, ie ne laisse pas pour cela de marquer leurs differentes couleurs, & de me souuenir de cette difference.

D'ailleurs, quand les qualitez passibles ne seroient diuersifiées, que par ce que Fracastor appelle des modifications, il n'euiteroit pas l'inconuenient qu'il a voulu éuiter; Ie veux dire que le nombre des Images n'en sera pas moindre, ni plus facile à loger; car il y a tant de sortes de chacune de ces modifications, & tant de degrez de chaque sorte, que le nombre n'en peut estre que tres-grand. La seule diuersité des visages que nous connoissons, ne peut que faire vn grand nombre d'Images particulieres. Au reste, c'est vne question qui ne sera iamais bien decidée, sçauoir si les figures & ces autres modifications de Fracastor, ont dans le cerueau des Images distinctes de celles des qualitez passibles. Neantmoins, il n'est pas conceuable, qu'vne seule idée de couleur, ni mesme que les idées de toutes les couleurs puissent faire discerner vne figure d'auec vne autre. La raison est, que toutes sortes de couleurs se rencontrant auec toutes sortes de figures, l'Image d'vne couleur ne peut auoir rien de plus expressif d'vne figure que d'vne autre. Apres, n'est-il pas vray que nous iugeons de la figure d'vn objet esloigné, deuant que iuger de sa couleur, ni d'aucune autre qualité du troisiéme genre ; & qu'il nous souuient de la figure de cét objet, sans que nous ayons memoire de ses autres qualitez ? Enfin, puis-que Fracastor reconnoist, que l'Image de la couleur est modifiée en la memoire, il faut qu'il y ait quelque chose qui la modifie. Il dit que c'est la figure de l'objet. Ce n'est pourtant pas la figure, qui demeure inherente en l'objet ; Ainsi ce n'en peut estre que l'Image. Il y a neantmoins, de la difficulté à répondre à quelques obiections qui se font, pour monstrer que ces modes n'ont point d'Especes differentes de celles des autres objets. Ie ne m'y arreste pas, dautant que cette question est indifferente pour mon principal dessein, & ce n'a esté que par occasion que i'en ay parlé icy.

Ie ne veux de mesme examiner qu'en passant, l'opinion de Campanelle, parce qu'elle ne merite pas d'arrester le lecteur.

Il dit, que la memoire n'eſt rien autre choſe qu'vn branle, ou vn mouuement qui reſte aux Eſprits du cerueau, apres qu'ils ont eſté meus par les objets externes. Ainſi il ne nous reſte point d'Image des objets, ſeulement les Eſprits ſont eſmeus quelque temps, comme vne corde ſuſpenduë, qui ſe balance apres qu'on a laiſſé de l'agiter. Cette opinion ſuppoſe premierement, que la Memoire eſt dans les Eſprits du cerueau, ce que i'ay exactement refuté cy-deſſus. Secondement, le branle qui reſte quelques momens apres l'impulſion de quelque corps, n'eſt pas propre à expliquer vne Memoire de quatre-vingts ans, comme il s'en rencontre quelque-fois. L'air ſe calme dés auſſi-toſt qu'il ceſſe d'eſtre agité, la mer deuient tranquille peu de temps apres que le vent s'appaiſe. Il en eſt de meſme des Eſprits, qui ne ſont iamais ſi fort agitez que durant les paſſions ; Et neantmoins, cette agitation ne dure point tant que les plus foibles idées de la Memoire. En troiſiéme lieu, il faudroit que les Eſprits ſouffriſſent en meſme temps des mouuemens contraires, & qu'ils fuſſent agitez d'autant de differens mouuemens, que nous auons de differentes idées en la Memoire. Pour le quatriéme, nous ne pourrions nous souuenir d'aucun mouuement circulaire, ou seulement d'vne figure ronde, sans que nos Esprits fussent dans vn vertige ou tournoyement perpetuël. Apres, tout le mouuement des Esprits ne sçauroit tout au plus representer que le mouuement des objets, & ne seruiroit de rien pour les couleurs, les saueurs, & les autres qualitez.

Que toutes les Images ne se penetrent pas, & ne sont pas dans vn mesme point de la Memoire.

Chapitre IX.

Comme vn erreur en tire aprés soy ordinairement quelqu'autre, Fracastor n'a peu s'imaginer que les Especes fussent dans les Esprits, sans conclure, qu'elles se doiuent estendre toutes, selon toute l'estenduë de ce sujet, & par consequent se penetrer toutes. Nous auons cy-deſſus renuerſé ſon fondement. Maintenant, ie m'en vay monſtrer, que la conſequence qu'il en tire n'eſt pas ſoutenable. Cela ſe pourroit prouuer par beaucoup de raiſonnemens, qui paroiſtront peut-eſtre ailleurs: Mais pour le preſent ie me veux arreſter à vn ſeul, qui eſt, que ſi toutes les Images ſe penetroient, & qu'elles fuſſent dans vn meſme point, elles ſeroient également preſentes à noſtre Eſprit: Nous ne pourrions penſer à vne choſe, que nous ne penſaſſions en meſme-temps à toutes les autres dont nous auons des idées en la memoire. I'adiouſteray, que ſi la doctrine de Fracaſtor eſtoit veritable, les Images d'vn objet ne ſeroient pas plus preſentes à noſtre Eſprit lors qu'il y penſe, que lors qu'il n'y penſe pas: ou pluroſt que noſtre Eſprit deuroit à toute-heure penſer à toutes les choſes dont il a la memoire.

Fracaſtor a préueu ces difficultez, & en a creu ſortir, en diſant, que toutes les Eſpeces ne ſont pas également actuées. Ie ne ſçay-pas bien ce qu'il a voulu dire par-là. Mais ie ſçay bien, qu'il n'a peû rien dire de raiſonnable, ſinon qu'elles ne ſont pas également

également fortes, ni également imprimées sur leur sujet, ce qui n'est pas capable de vuider la difficulté : car il est certain que nous pensons souuent à de certaines choses, dont les Especes sont moins actuées, c'est à dire moins fortes, & moins imprimées en la memoire, qu'à d'autres ausquelles nous ne pensons pas. Dans la Reminiscence, on trouuera vne Espece, qui ne nous est pas fort familiere, & nous n'en pourrons quelquefois pas rencontrer vne autre, qui nous sera tres-familiere. Or est-il que cela seroit impossible, selon la Philosophie de Fracastor : Et vn homme ne pourroit iamais penser, qu'à ce qu'il a de plus fortement imprimé dans la memoire; ou du moins, il ne pourroit penser à autre chose, sans penser en mesme temps à celle dont l'Image est plus forte & plus vigoureuse.

Fracastor se deffiant de sa premiere réponse, en donne vne autre, qui est, qu'encore que toutes les Especes soient en mesme lieu, nous ne pensons pas à toutes en mesme-temps manque d'attention : qu'il en est comme d'vn objet externe, que nous ne voyons pas, encore qu'il soit present à

L

noſtre veuë, lors que noſtre Eſprit ſe diuertit, & qu'il n'eſt pas attentif. Cette ſeconde réponſe ne vaut pas mieux que la premiere : car l'experience nous apprend tous les iours, que quelque attention que noſtre Eſprit employe, pour ſe repreſenter quelques-vnes des Eſpeces qui ſont en la Memoire, il n'y peut reüſſir. Il fera quelquefois iouër tous les reſſorts de la Reminiſcence, auant que de rencontrer ce qu'il cherche, au lieu qu'vne autrefois, il le rencõtrera en penſant ailleurs. Ainſi l'exemple qu'aporte Fracaſtor ne lui eſt pas fauorable: Car encore qu'il ſoit vray, que lors que noſtre Eſprit eſt diuerty, il ne prend pas garde aux objets externes qui luy ſont preſentez: il eſt vray auſſi qu'il eſt impoſſible qu'il ne voye vn objet preſent, lors qu'il le regarde attentiuement: Il eſt vray encore, que nous neſçaurions regarder fixement en quelque lieu, & attacher noſtre veuë ſur vn point, que nous ne voyons toutes les choſes qui y ſont. D'où ie conclus, que ſi toutes les Images de la Memoire ſe penetroient & qu'elles fuſſent abſolument en meſme lieu, noſtre Eſprit les y diſcerneroit toutes à la fois, lors qu'il s'appliqueroit auec attention pour les connoistre. C'est à dire que pour defendre l'opinion que ie refute, il se faut soubmettre à de grandes absurditez, & combattre tout ensemble la raison & l'experience. Il faut outre cela, ruiner toute la doctrine de la Reminiscence, & toute la Theorie des songes, dont l'extrauagance ne dépend que de l'assemblage de certaines Images, qui doiuent estre separées & qui n'ont aucun rapport.

Remarquez cependant, que lors que nous disons que toutes les Especes de la Memoire ne se penetrent pas, nous ne voulons pas nier, qu'il n'y en ait quelques-vnes qui se penetrent. Pour moy, i'estime que toutes celles qui sont emanées de qualitez qui se rencontrent dans vn mesme subjet, peuuent bien se penetrer & subsister dans vn mesme point de la Memoire. Par exemple, dans vne flamme de feu, la chaleur, la lumiere, la secheresse, la figure, la legereté, la subtilité, le mouuement, se penetrent, en sorte qu'il n'y a pas vn atome de flamme qui n'ait toutes ces qualitez. Leurs Images se peuuent de mesme penetrer dans le cerueau, & n'y occuper que la mesme place.

L ij

De là vient que comme en mesme-temps, & par vn mesme acte d'attention, nous voyons dans le feu sa lumiere, sa rareté, sa figure pyramidale & son mouuement, & que nous verrions toutes ses autres qualitez si elles estoient visibles : De là vient dis-je, qu'en pensant au feu, les Images de toutes ses qualitez paroissent dans la Memoire, & sont en mesme temps presentes à nostre Esprit, sur tout celles qui se connoissent par vn mesme sens. Si les autres ne sont en mesme lieu, elles sont fort proches, ce qui fait que nostre Esprit n'a pas de peine à se representer la chaleur du feu, lors qu'il pense à sa lumiere. Et il n'a pas besoin d'employer les raisonnemens de la Reminiscence, pour rencontrer vne des qualitez naturelles d'vn sujet, lors qu'il en a rencontré vne autre. Mais pour ce qui est des Idées qui n'ont rien de commun, & dont l'vne ne nous aide point à nous faire souuenir de l'autre : ie ne sçaurois croire qu'elles se penetrent, ni qu'elles se touchent. Ie ne sçaurois aussi croire, que les qualitez qui sont incompatibles dans vn mesme sujet, ayent des Images qui se penetrent dans la Memoire. Nous en verrons les raisons ailleurs, où ie feray voir, que les Especes des qualitez contraires, ont entr'elles quelque contrarieté, & qu'elles ne se peuuent penetrer, sans faire quelque Especemoyéne, qui seroit de mesme nature que celle qui sort d'vn drap qui est teint en gris par vn meslange de couleurs. I'estime bien plus probable, que les Images des qualitez contraires se ioignent, de la mesme façon que la laine blanche, & la laine noire s'vnissent dans d'autres draps gris, ou sans se confondre, elles sont si estroittement rangées, qu'il semble qu'elles soient de mesme couleur; Neantmoins, quand on y regarde fort attentiuement, on en discerne bien la difference.

Cét exemple nous peut encore seruir à expliquer, comment tant de milliers d'Images se peuuent loger dans la Memoire, & conseruer neantmoins leur distinction. Celles-là mesmes qui se penetrent, ne laissent pas de la conseruer : Nous en auons vn exemple bien euident aux Especes de luiere qui sortent de deux chandelles, ou ntrent par deux fenestres; Ces Especissent & se penetrent, sans doute, s se fortifient, & que d'ailleurs

L iij

estant de mesme nature, elles n'ont rien d'incompatible. Elles ne laissent pourtant pas de conseruer quelque distinction, comme il est aisé de reconnoistre, en ce que vous voyez deux chandelles, & deux fenestres : & de ce qu'en dressant vn baston au milieu de la chambre, l'vnion des lumieres n'empesche pas qu'il ne fasse deux ombres, dont l'vne est quelques-fois plus connoissable que l'autre ; pour monstrer qu'vne moindre lumiere ne se confond absolument point auec vne plus grande. Au reste, ie ne m'estonne pas fort de ce qu'vne si grande multitude d'Images se peuuent placer distinctement en si peu de place que nous en destinons à la memoire : car l'experience nous fait voir, qu'elles pourroient s'y loger dãs vn beaucoup plus petit espace. Par exemple, il nous paroist quelque fois, & en certaines nuits d'hyuer des millions d'Estoilles, dans la partie du Ciel qui nous est découuerte. Ie ne dispute point en cét endroit, si ce sont de veritables Estoilles, ou si ce n'en sont que des apparences. Tant y a que toutes ces Estoilles nous enuoyent des Especes distinctes, & qu'encore qu'elles se rencontrent toutes dans vn mesme point de l'air, & qu'elles passent toutes par vn fort petit trou, qui est la prunelle de nostre œil; elles ne laissent pas de conseruer leur distinction, & ne nous paroissent pas venir d'vne mesme lumiere. Ceux qui estoient au haut de l'Amphitheatre de Tite, y voyoient quelque-fois cent mille hommes en mesme-temps. Ils pouuoient encore remarquer en chaque homme, les parties differentes de leurs visages & de leurs habits, qui faisoient tout autant de differentes Especes. Ainsi voila des millions d'Especes distinctes, qui entroient en mesme-temps par vn trou, sans comparaison plus petit, que la cauité que nous auons destinée pour organe à la Memoire. Car encore qu'on ne puisse pas remarquer toutes les differences de ces Images, parce que l'on ne peut pas auoir de l'attention pour toutes; elles ne laissent pas d'estre toutes distinctement au mesme lieu: l'attention ne fait pas qu'elles y soient, mais seulement qu'on les discerne. Elles estoient donc toutes en chaque point de l'air d'où elles pouuoient estre veuës; & entroient toutes dans les yeux de ceux qui estoient au haut, encore que celles qui entroient obliquement, ne peuſſent pas eſtre bien diſtinguées. Quand l'organe de noſtre Memoire ſeroit plus petit, il ſuffiroit pour toutes les Images qu'on y voudroit placer. Il en ſeroit comme des petites prunelles, qui voyent autant d'objets que les plus larges, & qui les remarquent plus diſtinctement. D'où vient que ie ne comprens rien à l'opinion d'vn ſçauant homme, qui veut que plus la prunelle eſt large, & plus on diſcerne d'objets, & qu'ils paroiſſent plus grands. Il veut qu'vn homme en dormant ait la prunelle beaucoup plus large ; qu'à ſon premier réueil il voye les choſes plus clairement, que quelque temps aprés eſtre eſueillé ; & beaucoup d'autres choſes qui ne s'accordent point auec l'experience. Il croit qu'il n'y a point d'autre raiſon, pourquoy le Soleil paroiſt plus grand lors qu'il ſe leue, qu'il ne paroiſt à Midy, ſinon que nous auons au matin la prunelle plus grande, à cauſe que l'air eſt moins illuminé, & que la prunelle ſe dilate durant l'obſcurité. Ie voudrois bien qu'il m'euſt expliqué par-là, d'où vient que la Lune, ſe leuant vn peu auant que le Soleil ſoit couché, nous paroiſt plus grande qu'apres le coucher du Soleil, quoy que l'air soit sans comparaison plus éclairé, & nostre prunelle par conséquent plus restressie qu'elle n'est pas la nuict. Mais c'est trop pour vne digression. I'acheue ce Chapitre par vne pensée que i'ay souuent dans l'Esprit, qu'il y a bien plus de merueille en ce que Dieu a logé tant de milliers de differens organes dans le corps d'vn mouscheron, qui ont leur situation distincte, & leurs fonctions differentes, qu'il n'y a dequoy s'estonner, de ce qu'vn si grand nombre d'Especes a peu estre logé dans la Memoire.

Que les Images se logent par ordre, & par lieux communs.

Chapitre X.

QV'il n'y ait quelque ordre, ou du moins quelque suitte entre les Especes de la Memoire, c'est ce qui ne peut estre contesté, que par ceux qui prennent plaisir à contredire les veritez les plus claires, & les plus euidentes. Il est aisé de le reconnoiſtre aux beſtes, aux Enfans, & en tous ceux qui ne ſçauent les choſes que par memoire, & qui n'aident leur Reminiſcence d'aucun raiſonnement. Les Enfans ne peuuent rien dire d'vne priere, ou d'vne leçon qu'ils ont appriſes, s'ils ne les diſent dés le commencement. Le dernier Elephant que i'ay veû en France eſtoit inſtruit de longue-main, à faire ce qu'on luy auoit appris; Neantmoins, quand celuy qui le gouuernoit, ſe troubloit en l'ordre de ſes commandemens, il mettoit toute l'inſtruction de cette pauure beſte en deſordre. I'ay veû vn Eſcholier, qui entendoit bien le Latin, mais qui eſtoit ſi ignorant en la ſcience, dont il vouloit prendre les degrez, qu'il ſe fit donner par écrit, les objections qu'on luy feroit, auec les réponſes à ces difficultez. Il apprit tout cela parfaictement bien. Cependant, il ne put rien répondre à propos, parce qu'on ne luy obiecta pas les argumens dans le meſme ordre qu'ils eſtoient en ſon papier, & qu'il les auoit imprimez en ſa memoire. I'ay admiré certains lethargiques, qui n'ayant iamais rien appris que des prieres, les rediſoient inceſſamment & ſans connoiſſance:

Auſſi-toſt qu'ils les auoient acheuées, ils les recommençoient. D'où i'ay pris occaſion de douter, ſi les Eſpeces de ces prieres n'eſtoiét point diſpoſées circulairement en leur memoire, ne pouuant pas comprendre autrement, comment c'eſt que leur Imagination en pouuoit rencontrer le commencement, ſi proche de la fin : cela n'eſt qu'vne conieƈture. Mais il n'y a point lieu de douter, que l'ordre ne ſerue à la memoire, & ne facilite la Reminiſcence, puis-que les perſonnes iudicieuſes l'experimentent tous les iours, & que ſans cela, leur memoire ſeroit accablée de la confuſion des Eſpeces qui y ſont logées. Ce n'eſt pas que le iugement faſſe tout l'ordre, ou plutoſt toute la ſuite qui ſe rencontre entre les Images. Nous auons deſia veû, que les beſtes, les Enfans & les autres perſonnes ſans iugement, ne laiſſent pas d'auoir cét ordre dans la Memoire. D'ailleurs, les Images qui ſont de meſme genre & de meſme nature, ou qui viennent d'vn meſme ſujet, ont entr'elles vne ſuite & vne liaiſon naturelle, comme ie l'ay expliqué ailleurs; De ſorte que le Iugement & la Raiſon ne contribuënt rien à loger les Eſpeces par ordre,

Puis-que d'elles mesmes elles s'y portent, & qu'elles conduisent l'Imagination dans l'endroit de la memoire, où elles doiuent estre placées. I'en parleray plus au long en traittant de la Reminiscence.

Il y a encore vne autre sorte de suite entre les Images, qui se fait sans que la Raison y contribuë, c'est lors que l'Imagination loge en mesme lieu toutes les Idées qu'elle reçoit en mesme temps, & les place dans le mesme ordre qu'elles ont esté receuës: Et comme bien-souuent la rencontre des objets externes est fortuite, & que beaucoup d'Esprits ne sont pas capables de faire aucune distribution raisonnable des Especes; elles demeurent confusément en leur memoire, & en sortent aprés par le discours, de la mesme sorte qu'elles y estoient entrées.

Les hommes raisonnables n'en vsent pas ainsi; Encore qu'ils reçoiuent les Images en confusion, ils ne les logent pas de mesme: Ils se seruent de leur iugement pour en faire la distribution. Il y en a de si iudicieux, que quand ils voudroient, ils ne sçauroient s'empescher de ranger toutes leurs idées dans vn ordre raisonnable. Ie cônois de sçauans hommes, qui lisent toutes sortes de liures, sans garder aucun ordre en leur estude: Au partir de là, & dés qu'ils ont laissé leurs liures, ils n'y songent plus, & se diuertissent à tout-autre chose: Ils ne prennent aucun soin de digerer ce qu'ils ont leu : cependant, ils en parlent auec vne merueilleuse netteté d'esprit, & auec autãt d'ordre, que s'ils l'auoient long-temps estudié. Ils ne sont pas capables de se broüiller, ni de se confondre iamais; si ce n'est dans les choses qui sont si hautes & si difficiles, qu'elles ne peuuent pas estre comprises; car en ce cas, il leur est impossible d'éuiter la confusion, & de se bien faire entendre sur vne matiere qu'ils n'ont iamais bien entenduë.

Hors cette rencontre, ils ne logent rien enséble qui n'ait quelque rapport; De sorte que ne trouuant rien en l'endroit de leur memoire où est l'Image de quelque sujet, qui n'ait du rapport & de la connexion auec ce sujet, ils ne sçauroient parler que iudicieusement. Le galimathias leur est vn entretien tres-difficile, & quelque peine qu'ils ayent prise quelquesfois à faire vne mauuaise lettre, ils n'ont iamais peû approcher de ce que quelqu'autres ont couſtume de faire ſans peine & en ſuiuant leur genie. Il y paroiſt touſiours quelque ordre naturel entre leurs matieres. Cela eſt cauſe que i'ay long-temps douté, ſi Montagne eſtoit vn Autheur fort iudicieux. Ie voyois de bonnes choſes dans ſon liure. I'y reconnoiſſois beaucoup d'eſprit, & beaucoup plus de memoire; Mais la diſpoſition de ſes matieres me faiſoit douter de ſon iugement. Ses partiſans diſent, que c'eſt qu'il en a voulu vſer ainſi, & qu'il n'y a pas voulu obſeruer aucun ordre. A quoy on leur pourroit repartir, que quand vn Eſcriuain iudicieux voudroit s'empeſcher d'eſcrire auec ordre, il ne ſçauroit l'auoir fait; du moins il n'y récontreroit pas cette facilité, qui paroiſt aux Eſſais de Montagne. D'ailleurs, on peut dire de l'ordre, ce que les Anciens diſoient de la Vertu; que c'eſt vne ſi belle choſe, qu'on ne ſçauroit s'empeſcher de la ſuiure ſi on la connoiſſoit.

 Pour bien iuger de ce que ie viens de dire, il ne faut qu'obſeruer combien vn homme iudicieux ſouffre en compagnie d'vn éceruelé, qui luy fait des contes qui n'ont aucune ſuite. Il ſe trouue ſurpris de ce qu'vn Esprit peut ioindre des choses si esloignées, & de ce qu'il passe si facilement d'vne matiere à l'autre, encore qu'il y ait vn grand vuide entre-deux. Pour luy, il ne sçauroit l'auoir fait: parce que les choses qui sont éloignées de leur nature, sont aussi éloignées en sa memoire; Elles n'y sont iointes que par des idées communes, par lesquelles il faut que son Esprit passe, deuant que paruenir d'vne extremité à l'autre. D'ailleurs, tous les sages ont l'Imagination arrestée, & tousiours vn peu lente, si ce n'est qu'elle soit échaufée par la colere, la dispute ou quelque autre cause. De-là vient, que n'allant pas fort viste, elle s'arreste & se fixe sur vn lieu commun de la Memoire, & a loisir d'y découurir tout ce que le iugement y a logé, deuant que passer sur vne autre matiere. Il en est tout au contraire des éceruelez; Car outre qu'ils logent confusément les Images qui n'ont aucun rapport, leur Imagination est si inquiete, qu'elle ne se peut arrester vn moment sur vn endroit de la Memoire: Elle ne fait que voltiger, tantost sur vn lieu commun, tantost sur vn autre. Et comme elle n'a pas assez de retenuë pour s'arrester en vn lieu; elle n'en a point aſſez pour retenir en elle-meſme les idées, qui ſe preſentent, ne pouuant s'empeſcher d'exprimer par le diſcours, toutes les digeſtions qui luy viennent en l'idée.

Voila comme agiſſent ceux qui ſont abandonnez à leur Imagination, parce que c'eſt vne faculté brutale qui ne connoiſt, ni l'ordre ni la raiſon. Neantmoins, auec le temps, & par couſtume ſeulement, elle ſe forme à ſuiure les ordres du iugement, en ce qui eſt de la diſtribution des Eſpeces de la Memoire. Il eſt du iugement en cela, cõme d'vn Bibliothequaire bien entendu, & de l'Imagination comme de ſon valet. Dés qu'vn ſçauant homme voit vn liure nouueau, il ſçait l'endroit de ſa Librairie où il le faut placer, & l'y fait porter par ſon valet, qui le range & le met en ordre, ſans ſçauoir pourquoy on le fait mettre en ce rãg, pluroſt qu'en vn autre. Auec le temps, quelque ignorant que ſoit ce valet, il apprend l'ordre que le Maiſtre donne à ſes liures, & il apprend à les placer en leur rang.

Noſtre Memoire eſt comme vne Librairie, où encore qu'il y ait des-ja quantité de liures

liures, on y en arrâge à toute heure de nouueaux. Si nostre entendement s'en fioit à l'Imaginatiue, elle logeroit tout en confusion, iusques à ce qu'vne frequente & presque continuëlle habitude luy eust acquis quelque connoissance des lieux communs de la Memoire: car lors sans autre conduite, elle logeroit chaque Image en sa place. Cependant, tout va encore mieux par ordre lors que l'Entendement la conduit, & qu'il ne se fie point aux connoissances que la coustume luy peut auoir acquises. Deuant que laisser cette comparaison, il faut que i'adiouste qu'vne memoire confuse ressemble à ces Librairies, qui sont si mal disposées, qu'il faut tout renuerser deuant que trouuer vn liure que vous cherchez: bien-souuent vous ne l'y trouuez que par hazard, & lors que vous ne le cherchez plus, & que vous n'en auez plus affaire. De mesmes, dans vne memoire confuse, il faut bien souuent faire inuentaire general de toutes les Images qui y sont, deuant que trouuer celle qui vous fait besoin, qui ne se presente d'ordinaire en cette sorte de Memoire que par rencontre, & lors qu'on ne la cherche plus. Ceux qui sont trauail-

M

lez de cette incommodité, s'en prennent à leur memoire, au lieu qu'ils en deuroient accuser leur iugement, comme i'ay monstré plus au long en quelque autre endroit.

Chapitre XI.

Qu'il y a diuerses Images d'vn mesme obiet en differents endroits de la Memoire.

Encore qu'vn sçauant homme ne puisse voir vn liure nouueau, sans iuger de l'endroit où il le doit mettre, si est-ce qu'il luy arriue bien-souuent de l'oster du lieu où il l'a mis la premiere fois. Ce n'est pas qu'il n'y fust bien : mais c'est qu'il peut estre mieux ailleurs. Ce qui donne plus de peine dans la disposition des lieux communs d'vne bibliotheque, c'est qu'on voudroit, si on pouuoit, mettre certains Autheurs en diuers endroits. On voudroit que l'vn fust entre les Historiens & les Orateurs, qu'vn autre fust entre les Historiens & les Philosophes, Et sans doute que si l'Esprit d'vn Bibliothequaire auoit autãt de pouuoir sur ses liures qu'il en a sur ses idées, il les multiplieroit en autant de lieux communs qu'ils en peuuent raisonnablement occuper dans vne Librairie Cela se fait tous les iours en nostre memoire : & il arriue à tous ceux qui meditent quelque discours, ou quelque traitté, de faire premierement amas des matieres qu'ils y veulent faire entrer. Apres cela ils les digerent, & leur donnent vn ordre : Mais quelquesfois cét ordre leur desplaist en suitte, & ils le changent pour vn autre qui leur semble plus iudicieux ; & cét autre pour vn troisiéme qui leur semble estre plus naturel & plus raisonnable. Dans tous ces mouuemens d'Esprit, les idées acquierent de nouuelles places sans perdre les premieres : Elles se multiplient dans vn autre endroit, sans quitter celuy dans lequel elles ont esté premierement logées. Car les accidens ne changent pas de suitte, & ne se transportent pas d'vn lieu à l'autre, que le suiet ne soit transporté, ce qui ne se rencontre pas icy, puisqu'il est vray que les Especes sont collées à la plus solide substance du cerueau.

Secondement, encore que cét Autheur duquel nous parlons, donne vn nouuel ordre à ses meditatiõs; il ne perd pas, neātmoins, la memoire du premier & du second ordre qu'il leur auoit donné. Tant s'en faut qu'il les ait oubliez, puis-qu'ils reuiennent, malgré luy, dans son esprit, & qu'ils l'obligent à des redites, & à mettre vne mesme pensée au commencement, au milieu & à la fin de son discours. Il faut donc bien que ces Images se soient multipliées, & qu'elles soient en diuers endroits de la memoire.

Vous verrez vn homme qu'il vous souuiendra d'abord d'auoir veu ailleurs, & de luy auoir parlé: cependant, vous ne sçauriez auoir dit quel il est, ni en quel endroit vous luy auez parlé, si ce n'est que luy, ou quelque autre, vous aide en cela, & vous dise le lieu, les personnes, ou quelqu'autre circonstance de vostre entreueuë. Mais alors on vous fait souuenir de toutes les particularitez de vostre conuersation. Cela confirme ce que ie voulois prouuer; car vous ne pouuez auoir de souuenance confuse, d'auoir veu cét homme, que sa veuë n'excite son Image en quelque endroit de la memoire. Il faut que cette premiere Image soit fort mince, fort foible & fort confuse, puis-que quelque attention que vous apportiez à la considerer, elle ne vous fait point de representation qui ne soit fort obscure. Bien-loin que cette attention vous serue, qu'elle vous est preiudiciable, parce qu'elle arreste vostre Esprit sur l'endroit de vostre memoire, où l'Image de ce que vous cherchez n'est que confusément imprimée. Il faut donc aussi que dans vn autre endroit, il y ait vne autre Image de cét homme, plus expressiue que la premiere, & qui le marque plus distinctement. Ainsi voila deux Images d'vn mesme objet en deux lieux differens de la memoire.

Nous sçauons par experience, que differentes rencontres qui n'ont aucun rapport, & qui ne vous font point souuenir les vnes des autres, vous font, neantmoins, souuenir d'vn mesme objet. Pour le dire plus clairement, vous aurez veu le Roy en diuers lieux, accompagné de ses Gardes, & en mesme temps vous aurez ouy crier viue le Roy. Toutes ces choses vous font penser au Roy, & cependant, ne vous font pas penser les vnes aux autres. Le Palais Royal ne vous fait point penser aux Tuilleries, ni au Cours, ni au Parlement, où vous aurez veu le Roy : Mais tous ces lieux vous representent le Roy. Il est donc vray-semblable que les Images de tous ces lieux sont separées en la memoire, & que neantmoins, l'idée du Roy est jointe à toutes tant qu'il y en a qui nous font souuenir de luy. Cependant, encore qu'vne Image se multiplie & qu'elle se place en diuers lieux, elle est plus visible en vn lieu qu'en l'autre, soit qu'elle ait plus de rapport auec les autres Images qui y sont, ou bien que ces autres Images ne sont iamais receuës qu'en compagnie de celle-cy. Par exemple, le cry de Viue le Roy, vous fera plustost penser en luy, que ne feroit pas la veuë d'vn de ses Gardes. Il est de cela comme il seroit d'vne Bibliotheque où vous auriez mis Ciceron en deux lieux communs, sçauoir entre les Orateurs, & entre les Philosophes. Vous le rencontreriez sans doute en l'vn & en l'autre lieu, mais plus facilement en vn lieu qu'en l'autre, parce que vous l'auriez mis en teste des Orateurs. Il n'auroit pas vn lieu si eminent parmy les Philosophes : Il n'y paroistroit qu'en foule & obscurci de quantité d'autres qui ont esté plus grands Philosophes que luy.

Comment la Memoire se fortifie.

CHAPITRE XII.

APRES auoir parlé des dispositions requises pour la Memoire, & de la premiere impression qui s'y fait des Images; il faut voir comment tout cela se fortifie par l'exercice & par les nouuelles acquisitions.

La faculté de la Memoire se renforce par l'exercice, de la mesme façon que toutes les autres facultez en sont fortifiées. Premierement, comme l'exercice affermit tous les autres organes de nostre corps, en dissipant les humiditez superfluës qui les relaschent; de mesme il renforce la Memoire en dessechant le phlegme, & les autres humiditez qui la relaschent, & qui empeschent la retention des Especes. Secondement, comme l'exercice attire la nourriture dans les autres parties du corps qui s'exercent, & y fait venir les Esprits en abondance, qui les rendent plus fortes & plus vigoureuses : De mesmes celle-cy se renforce par l'influéce ordinaire des Esprits, qui s'accoustumant d'y aller en abondance, y reluisent auec p'us de splendeur, & y font vne plus forte impression des Images, outre qu'ils rendent celles qui y sont desia plus visibles par leur lumiere. L'exercice fortifie aussi la Memoire, d'vne façõ qui est particuliere à cette faculté, c'est que plus on apprend de choses, & plus facilement on reüssit en la Reminiscence: Chaque Espece aide à en rencontrer quelques autres ; de sorte que plus il a d'aides, il y a aussi plus de facilité à trouuer ce que l'on cherche.

Vous remarquerez, cependant, que lors que nous disons que la Memoire se fortifie par exercice, nous entendons qu'il soit mediocre : Car autrement il accableroit aussi bien cette faculté, cõmme il accable toutes les autres facultez materielles. Nostre estomac deuient sans contredit plus robuste lors qu'on l'exerce moderément, & qu'on luy donne vn peu de peine, que si on le nourrissoit tousiours de consumez. Neantmoins, le trop manger, & les viandes de trop difficile digestion, le ruynent à la fin. Vn Crocheteur se tuë à porter des fardeaux trop pesans, au lieu qu'il se renforce par vn trauail mediocre. De mesme la veuë se perd par trop de lumiere, & l'ouïe par la violence de quelque bruit. Ainsi les saueurs & les odeurs qui excedent la mediocrité, destruisent les organes du goust & de l'odorat. C'est vn priuilege de l'entendement de ne succomber point sous le faix des objets, & de n'estre point incommodé de leurs excés. Mais la memoire estant vne faculté corporelle, doit subir la condition à laquelle toutes les autres de mesme genre ont esté assuieties : Elle se ruine pour le trop grand nombre des Images, sur tout lors qu'elle les reçoit trop en foule, & que nostre Esprit les y loge confusément.

Il reste maintenant de sçauoir comment c'est que les Images qui sont en la memoire, se renforcent par le moyen des nouuelles Images qui entrent par les sens. Il n'y auroit pas en cela grande difficulté, si Fracastor n'y en auoit fait naistre, en disant qu'vne Espece ne se fortifie par diuerses connoissances, qu'à cause que par ce moyen elle se ioint à diuerses circonstances, qui nous font ressouuenir de cette Espece. Comme si ie voyois, dit-il, vn homme sous le porche, que i'auois veu hier sur l'eau, & que demain ie le visse en vn marché, il me souuiendroit mieux de luy : parce que chacune de ces circonstances me fourniroit vne occasion de me souuenir de luy.

Mais en cela il est éuident, que Fracastor confond la Memoire auec la Reminiscéce, & qu'il n'explique par là qu'vne des aides de la Reminiscence. Il est question de sçauoir comment vne Image se fortifie tellement par diuerses connoissances, que pour la trouuer il ne soit pas besoin de se souuenir d'aucune circonstance. Secondement, n'est-il pas vray que si nous auions veu trois fois vn mesme homme en mesme lieu, & en mesme posture, nous aurions son Image mieux imprimée à la troisiéme fois, qu'à la premiere? Apres cela, n'est-il pas vray aussi, que lors que nous lisons quelque chose en vn liure que nous auons desia leuë dans vn autre liure, en autre ordre & en autres termes, il ne nous en souuient pas si bien que si nous l'auions tousiours leuë dans vn mesme lieu? Sans doute, que cette diuersité fait beaucoup de confusion en la memoire, & qu'elle ne sert de rien à fortifier les Especes. Enfin, s'il estoit vray que toutes les Images se penetrassent, comme veut l'opinion de Fracastor, il seroit vray aussi qu'elles seroient toutes également circonstanciées. Ainsi l'Idée d'vn homme que nous n'aurions veu qu'vne seule fois & en vn seul lieu, seroit jointe auec tout autant de circonstances, que l'Idée d'vn homme que nous aurions veu toute nostre vie: De sorte, qu'il nous souuiendroit, selon cette doctrine, aussi facilement de l'vn que de l'autre; car puis que tout s'y penetre, il n'y a rien de distingué par aucune conjonction qui soit particuliere.

Fracastor adjouste en suitte, que l'Espece s'accroist dans le cerueau entant qu'elle est vne qualité, mais non pas entant qu'elle represente. Ie ne comprens point cela, car puis qu'elles sont plus expressiues des objets lors qu'elles sont rafraischies, il faut bien qu'elles se fortifient au regard de leur estre representatif: Outre que cét Autheur ne reconnoist ailleurs aucun estre absolu en ces Images; de façon que si cela estoit, elles ne pourroient estre renforcées, sinon entant qu'elles representent.

Pour la fin, il dit qu'elles se fortifient par l'vnion des nouuelles Images, de la mesme sorte que la lumiere d'vne chandelle est fortifiée en l'air par la lumiere d'vne autre chandelle, ce qui m'a tousiours semblé fort vray-semblable : & ie n'ay point trouué d'autre exemple qui soit si propre à expliquer l'accroissement des Especes, qui se fait par l'vnion de celles qui leur sont semblables, & la distinction qu'elles gardent entr'elles, nonobstant cette vnion, ainsi que ie l'ay monstré au Chapitre neufiesme.

Voila comment la Memoire se fortifie. Voyons maintenant comment elle se depraue, ou plustost si elle se depraue, & reseruons à quelqu'autre endroit à expliquer comment c'est que la meditation rafraischit les Idées de la Memoire.

Si la Memoire peut estre deprauée.

Chapitre XIII.

Cette question ne merite pas de nous arrester long-temps, parce qu'elle n'est pas fort difficile. En effet, tous ceux qui ont raisonnablement parlé des défauts de la Memoire, n'y en ont remarqué que deux; dont l'vn est de ne se souuenir absolument de rien: l'autre est de se souuenir de fort peu de choses. Ils appellent ces defauts l'abolition & la diminution de la Memoire, sans qu'il soit possible, disent-ils, qu'il y ait aucune autre sorte de lésion. Cependant, quelques Modernes y en adjoustent vn troisiéme, qu'ils appellent la deprauation, qui se fait, à ce qu'ils disent, toutes les fois que cherchant vne Espece en la Memoire, vous en trouuez vne autre.

Si la Memoire de tous ceux à qui cela arriue estoit gastée ou deprauée, il n'y en a point qui ne le fuſt : ceux qui ſe portent le mieux & qui ont la Memoire excellente, auroient cette faculté malade. Cette opinion n'a eſté forgée qu'à faute de bien entendre la nature de la Memoire, & de ſçauoir qu'elle n'a autre vſage que de conſeruer les Eſpeces; que ce n'eſt pas elle qui les repreſente à noſtre Eſprit : & qu'ainſi, s'il y a de l'erreur en la repreſentation, il s'en faut prendre à l'Imagination. La Memoire eſt comme vne maſſe de cire, qui peut eſtre ſi dure, qu'elle ne reçoit aucunes Images, ou ſi molle qu'elle n'en conſerue pas vne ; mais il eſt impoſſible qu'elle conſerue ou qu'elle repreſente d'autres figures, que celles qui luy ſont imprimées. Si vous y auez imprimé vne multitude confuſe de characteres, & qu'apres vous ne rencōtriez pas ceux que vous cherchez ; Il n'y a pour cela rien à redire en la cire : c'eſt voſtre faute de les auoir imprimez confuſément, & de les chercher en vn endroit où vous ne les auez pas mis.

La Memoire eſt vn ſac, où l'Imagination met toutes ſes Idées, & où elles demeurent au meſme lieu où elles ont eſté placées. Ce ſac peut eſtre tellement percé, qu'il ne retiendra rien du tout. Quelquesfois il ne retient que le plus gros de ce que vous y mettez. Neantmoins, ce qui est retenu, demeure au mesme endroit où vous l'auiez mis. Que si en cherchant vne chose, vous en rencontrez vne autre, ne vous en prenez pas au sac, mais à vous mesme qui l'auez remply en confusion.

Enfin, la Memoire est vne chambre où nostre phantaisie met dormir quantité d'Idées, qui y demeurent en repos, iusques à ce que cette mesme phantaisie les aille resueiller. Que si elle éueille Pierre, pensant éueiller Iean, ce n'est pas qu'ils ayent changé de lict; mais c'est qu'elle se mesprend, & qu'elle s'adresse où il ne faut pas.

Fin du second Liure.

TRAITTÉ DE L'ESPRIT DE L'HOMME, DE SES FONCTIONS, & de ses connoissances.

LIVRE TROISIESME.

CHAPITRE PREMIER.

De la Reminiscence en general.

Tout le monde est d'accord que la Reminiscence n'est pas vne faculté, & que ce n'est qu'vne action de nostre Esprit, par laquelle il reuoit les Images qui luy sont reseruées

reseruées en la Memoire. Aristote en a fait vn Chapitre exprés, où il a mis beaucoup de bonnes choses, qui meritent bien d'y estre leuës. Il la distingue d'auec la Memoire, & monstre que lors que l'on r'apprend ce que l'on auoit oublié, on ne peut pas appeller cela vne Reminiscence. Il dit que la Reminiscence se fait quelquesfois sans peine ; que cela arriue lors que les mouuements de nostre Esprit se rencontrent dans l'ordre des Images de la Memoire : qu'il y faut quelquesfois vne penible recherche, & qu'il faut que nostre Esprit se remuë, iusques à ce qu'il ait rencontré l'Image, qui precede immediatement celle que nous cherchons : que le plus seur est de commencer par la premiere, que de l'vne on vient facilement à l'autre, que le laict nous fait penser à la blancheur, la blancheur à l'humidité : que l'humidité nous fait souuenir de la saison pluuieuse, & que quelquesfois les lieux nous font reuenir la Memoire des choses que nous y auons veuës. Il adjouste vers la fin du Chapitre, que toute Reminiscence est vn Syllogisme, qu'ainsi il n'y a que l'homme qui s'en puisse seruir ; parce, dit-il, qu'elle ne se peut faire sans vne recherche, dont il n'y a d'Animaux capables, que ceux qui ont la faculté de deliberer, c'est à dire de raisonner.

C'est en quoy ie trouue qu'Aristote s'est contredit, ayant asseuré auparauant en termes exprés, qu'il y a des Images dont la Reminiscence se fait sans qu'on les cherche : parce qu'elles s'entresuiuent, & se presentent d'elles-mesmes. L'experience nous confirme la mesme chose, & que bien souuent il n'y a ni syllogisme, ni rien approchant de cette recherche, sur laquelle Aristote a fondé la necessité du Raisonnement. Il auoit aussi appellé Reminiscence, le souuenir de quelque action, qui est causé par la veuë du lieu où cette action s'est faite. Ainsi on ne sçauroit faillir, en disant que le hennissement du cheual de Darius estoit vn effet de la Reminiscence de ce cheual, occasionnée par la veuë du lieu où le iour precedent il s'estoit diuerty. L'instruction des bestes, & les Histoires qui en sont escrittes, nous fournissent mille exemples de cette sorte de Reminiscence, qui se fait sans Raisonnement : Et il n'y a point de terme plus propre pour exprimer la pluspart de leurs actions. Que si en refutant la Raison des Bestes, ie ne me suis point seruy d'vn terme si expressif des mouuemens de leur Ame, ce n'a esté qu'à cause que communément on croit, que toute Reminiscence est vn syllogisme, & que ie craignois que l'on ne m'accusast d'accorder la Raison aux Bestes, sous vn terme équiualent.

Mais maintenant que mon dessein est de traitter plus exactement de la Reminiscence, que n'ont fait tous ceux qui m'ont precedé, ie ne craindray point d'estendre la signification de ce terme, & de l'approprier à toute action, par laquelle les Images de la Memoire sont excitées & derechef representées à l'imagination. Cela se fait bien quelquefois par le moien du Raisonnement: mais cela se fait aussi par autre voye. Cependant, cette action prise en general, n'a point de nom parmi les Philosophes; De-là vient que i'ay creu la pouuoir appeller Reminiscence, & qu'au pis aller, il y a moins de mal de donner vn nom à tout le genre, qui a iusques icy seruy à designer vne des especes de ce genre, que si j'inuentois quelque terme nouueau, qui n'eust point esté iusques à present en vsage, & qui ne fust entendu de personne du monde.

I'estime que puis que nous nous resouuenons d'vne chose par quatre differens moyens, il doit y auoir tout autant de differentes sortes de Reminiscence. La premiere est, lors que voyant vn homme, sa veuë nous fait souuenir que nous l'auons veu autrefois. La seconde ne se fait pas par la veuë de cét homme, mais par la veuë de quelque autre objet que nous aurons veu auec luy, comme d'vn parent, d'vn laquais, d'vn chien, d'vn habit, d'vne espée, du cachet de ses armes, &c. Cela se fait tout de mesme par le moien des autres sens, comme par l'ouïe de son nom, ou de quelque autre nom qui en approche. La troisiéme sorte de Reminiscence est purement fortuite, & ne peut estre attribuée à aucun raisonnement, ni à aucune recherche, puis qu'elle ne nous fait trouuer les Images qu'apres que nous ne les cherchons plus : Chacun sçait que cela arriue bien souuent, & que le hazard nous fait souuenir de ce qu'vne longue & penible recherche s'estoit inutilement efforcé de trouuer.

La quatriéme sorte se fait auec dessein &

auec recherche : c'est vn effet de nostre entendement, qui raisonne sur la conformité qu'ont certaines Images les vnes auec les autres, ou sur quelque autre aide qui guide l'Imagination dans le lieu de la Memoire, où reposent les Idées que nous cherchons : C'est de cette sorte de Reminiscence qu'Aristote a voulu parler, & qu'il a dit, qu'il falloit se consulter, & raisonner en soy-mesme pour y reüssir. Elle seroit aussi inutile que les autres, à vn homme qui n'auroit point de memoire, puis qu'elle ne forme pas les Images, & qu'elle ne sert qu'à les trouuer où elles sont imprimées : De sorte que ceux qui disent qu'ils n'ont point de memoire, & qu'ils n'ont que de la Reminiscence, ne sçauent ce qu'ils disent, & ne s'entendent pas eux-mesmes. Qui dit auoir vne Reminiscence, dit auoir la faculté de faire reuenir les Images de la Memoire dans l'imagination, & par consequent il faut qu'il ait vne Memoire & des Images. C'est comme si vn homme disoit, qu'il trouue de l'argent en sa bourse toutes les fois qu'il en a affaire, & que neantmoins il n'a ni bourse ni argent. Ce discours est cependant fort ordinaire, parce que l'examinateur des Esprits a persuadé à beaucoup de gens, que la Memoire ne se rencontre iamais auec le iugement. Ainsi ils renoncent à toutes les pretentions de leur Memoire, pour pouuoir acquerir la reputation de iudicieux.

Que les Images ne sortent point de la Memoire, pour faire la Reminiscence.

Chapitre II.

Comme cette doctrine n'a iamais esté expliquée par les Philosophes, vn chacun en parle selon sa phantaisie: Neantmoins ie voy que beaucoup de gens s'imaginent que toutes les fois que nous repensons à quelque objet, les Images de cét objet sortent de la memoire, pour venir dans le lieu où s'exerce l'Imagination, & qu'apres elles retournent encore dans la memoire. A les ouyr parler, vous diriez que ce sont des personnages de Theatre, qui sortent de derriere vne tapisserie, &

qui y retournent apres auoir ioüé leur rôlle. Cela ne se peut faire, que l'organe mesme de la memoire ne change de place : Car puis que les Images qui y sont imprimées, ne sont rien que des accidents, elles ne peuuent pas changer de lieu, que leur sujet n'en change : & il n'est pas possible qu'elles abandonnent vn sujet pour en prendre vn autre ; parce que cela est incompatible auec la nature des accidents, qui sont si dépendants de leur sujet, qu'ils ne s'en peuuent separer que par leur aneantissement.

Que si les Images estoient des atomes & des substances, elles ne pourroient se remuër, ni s'agiter tant soit peu, qu'elles ne perdissent quelque partie de leur corps : Cette agitation jointe à l'irradiation des Esprits, enleueroit beaucoup plus de crouftes & d'escailles de ces atomes, qu'il ne s'en enleue à toute heure, afin de parler le iargon de cette Philosophie. Ainsi bien loin que les Images de la Memoire se fortifiassent par la Reminiscence, qu'elles s'affoibliroient fort sensiblement par là, & à force de penser à vne chose, on l'oublieroit absolument.

Enfin, de quelque nature que soient ces Images, elles courroient grand risque de se perdre, si elles quittoient la Memoire, pour rentrer en la phantaisie : car il se pourroit faire que dans le temps que les Esprits les auroient apportées dans l'Imagination, ces Esprits se perdroient par quelque defaillance : De sorte, qu'en cette rencontre les Images se perdroient auec les Esprits. Il arriueroit la mesme chose à ceux qui s'endorment, dautant que de toutes les facultez internes, la Memoire est la premiere qui s'assoupit, & la derniere qui s'éueille : partant, si quelque Idée estoit en l'Imagination lors que l'on s'endort, elle ne pourroit plus rentrer dans la Memoire, & les Esprits ne l'y sçauroient plus rapporter. De mesme, si la phantaisie estoit attentiue à quelque Image que les Esprits luy eussent presentée, & que ces Esprits fussent attirez à l'exterieur, par la violence de quelque objet : cette Image ne manqueroit iamais de se perdre, parce que la phantaisie n'auroit pû prendre le temps de la renuoyer à la Memoire, & que les Esprits n'auroient point esté en estat de l'y rapporter.

D'ailleurs, si les Especes sortoient de la Memoire pour y rentrer, les vieilles gens ne se souuiendroient pas mieux des vieilles Idées que des nouuelles : & lors qu'ils penseroiét à quelque chose qu'ils auroient apprise en leur ieunesse, ils ne s'en pourroient plus souuenir; dautant que les Images qui seroient vne fois sorties de leur Memoire, ne s'y pourroient plus derechef imprimer : Du moins elles s'y imprimeroient auec la mesme difficulté qu'ils ont d'apprendre les choses qui leur sont nouuelles. Tout ce qui se r'attache de nouueau à leur Memoire, s'y attache fort superficiellement, à cause de la dureté de leur cerueau; de sorte que cette impression superficielle ne peut pas durer. Ainsi ce seroit leur faire oublier les vieilles Idées que de les leur renouueller, & ce seroit les retirer d'vn lieu où elles sont profondement grauées, pour les y remettre d'vne façon plus superficielle.

Ce fut par cette mesme raison que ie refutay il y a quelque temps, l'opinion d'vn sçauant homme, touchant la Reminiscence. Il me disoit que toutes les fois que nous pensons à quelque chose, l'Image qui eſtoit eſtouffée ſous beaucoup d'autres en la memoire, s'y rendoit plus ſuperficielle, eſtant miſe plus en veuë, qu'elle n'eſtoit auparauant. Et il m'ajouſtoit que ce moyen eſtoit le ſeul, par lequel on peut expliquer d'où vient que par la meditation, les Images de la Memoire ſont rafraichies & renouuellées.

Ie luy fis voir que cette experience tirée de la Memoire des vieilles gens, eſtoit entierement contraire à ſon ſentiment. Ie luy fis comprendre en ſuitte, qu'vn accident ne pouuoit ſe rendre plus ſuperficiel, ſans changer de place & de ſujet, ce qui n'eſt pas conceuable. Par où ie conclus, qu'en la Reminiſcence il ne ſe fait aucun mouuement local des Eſpeces. Cela n'empeſchera peut-eſtre pas, que ie n'en parle cy-apres de la meſme façon, que ſi elles ſe mouuoient localement, pource que ce mouuement nous fournit vne plus grande liberté d'expreſſion. Et puis que l'on s'eſt bien accouſtumé de dire que la lumiere deſcend du Ciel en terre, & que la chaleur ſort du feu, l'on nous permettra bien auſſi de dire que les Images ſortent de la Memoire pour entrer dans l'Imagination,

& qu'elles sont derechef renuoyées en la Memoire: ce qui se doit tousiours entendre au sens que nous expliquerons au Chapitre suiuant.

Comment c'est que les Images de la Memoire sont representées à l'Imagination.

CHAPITRE III.

AVANT que d'expliquer cette question, il est necessaire de monstrer que les Esprits du cerueau aident à faire la Reminiscence. L'experience nous l'apprend, & que lors qu'ils sont subtils & agissants, cette action se fait auec plus de facilité. C'est peut-estre ce qu'Aristote vouloit dire, lors qu'il a écrit, que ceux qui sont prompts & qui comprennent facilement, ont moins de peine à y reüssir: que ceux qui sont lents se peinent plus à la faire, quelque bonne Memoire qu'ils puissent auoir. I'ay souuent fait cette obseruation, & i'ay connu des hommes qui auoient la Memoire excellente, & qui l'auoient remplie des plus beaux acquets que les honneſtes gens puiſſent faire, & des plus belles penſées qui puiſſent ſeruir d'entretien dans la conuerſation. Ils les produiſoient à merueille ſur le papier; mais ils ne parloient iamais en compagnie, quelque ſoin qu'ils euſſent de s'y produire, & quelque deſir qu'ils euſſent de s'y faire valoir. Ces gens-là n'auoient l'Imagination lente, que pource qu'ils auoient les Eſprits tenebreux. Et comme ceux qui ont la veuë courte à cauſe de l'obſcurité de leurs Eſprits viſuels, ont couſtume de regarder de fort prés, & de conſiderer long-temps vn objet deuant que de le bien diſcerner. De meſmes les Imaginations lentes ne ſont que foiblement éclairées des Eſprits du cerueau, & ne voyent qu'obſcurément les Images de la Memoire. Il faut qu'elle y regarde long-temps auant que d'y reconnoiſtre diſtinctement les choſes qui ſont à propos de ce qui s'eſt dit en compagnie : & lors qu'ils les ont reconnuës, il n'eſt plus à propos de les dire; deſorte, que n'ayant iamais leurs penſées à temps pour les produire, ils aiment mieux ne dire mot.

Outre l'obscurité naturelle des Esprits, il y a d'ordinaire beaucoup de timidité en cette sorte d'Imaginations; & cette timidité, ou plustost la crainte, contribuë au mesme effet, & augmente l'obscurité de la phantaisie, en chassant dans le cœur les Esprits qui la deuoient éclairer: D'où vient qu'encore que les timides ayent quelques fois leurs pensées à temps & à point nommé dans l'Esprit, ils laissent, neantmoins, perdre le temps de les dire, parce qu'ils ne comprennent pas d'abord ce qu'elles valent, ni le rapport qu'elles ont auec le sujet dont il est question.

Vne frayeur subite n'ébloüit l'Imagination, & ne luy fait perdre pour vn temps toutes ses Idées, qu'à cause qu'elle en chasse tous les Esprits, & qu'elle obscurcit tellement cette faculté, qu'elle ne void plus rien dans les reseruoirs de la Memoire. Ainsi elle deuient quelquesfois muette, & ne peut rencontrer vne seule parole pour appeller du secours. Vne crainte mediocre fait quasi le mesme effet: & il arriue à tous ceux qui ont de dangereuses affaires au Palais, de ne pouuoir dire à leurs Iuges, qu'vne petite partie de ce qu'ils ont medité. D'autres ont voulu haranguer le Roy, ou parler ailleurs en public, qui n'ont iamais pû rencontrer que le premier mot d'vn discours qu'ils auoient soigneusement recommandé à leur Memoire. Il ne laissoit pas d'y rester tout entier, & de s'y trouuer ponctuellement, apres que la peur estoit passée.

Quelquesfois l'obscurité ne s'y fait pas si grande; & les Esprits n'en sont pas chassez par l'estonnement: Ils sont seulement agitez d'vn mouuement irregulier, qui fait qu'encore qu'ils trouuent leurs Idées, ils ne les trouuent qu'en confusion & en desordre: leur agitation est semblable à celle qui se fait par les vapeurs du vin, du sommeil & de la phrenesie.

Quand la tristesse est excessiue, elle empesche aussi la Reminiscence. I'en ay cy-dessus rapporté vn exemple d'vn sçauant homme, à qui diuerses afflictions suruenuës en mesme temps, obscurcirent tellement les Idées de la Memoire, qu'il crut auoir oublié pour iamais, tout ce que l'estude luy auoit acquis en plusieurs années. Tout cela ne laissa pas de se trouuer au mesme estat qu'il estoit auparauant, dés aussi-tost qu'il eut reparé quelques-vnes de ses pertes, & qu'il se fut consolé des autres. La ioye rendit aux Esprits la clarté que la tristesse leur auoit ostée, & ressuscita dans la Memoire, les Especes qui y estoient comme mortes & enseuelies.

Il y a des maladies qui font plus puissamment le mesme effet, en dissipant les Esprits du cerueau : cela est si ordinaire, qu'il n'est pas besoin d'en aller chercher des Histoires dans Thucydide. I'ay vn parent qui estant au siege de Hulst, y fut blessé à la teste, & y perdit la Memoire. Il n'oublia pas seulement son nom, comme Messala Coruinus ; mais encore toutes sortes de paroles, iusques à ne connoistre plus aucune lettre de l'Alphabet. Il n'oublia pourtant point à escrire: c'est à dire que lors qu'on luy donnoit vne exemple, & qu'on luy faisoit signe de la copier, il s'en acquittoit fort bien : Mais quand on luy eust dit, faites vn A, ou vn B, il ne l'eust sceu faire, si en mesme temps on ne luy eust mis deuant les yeux : car lors il faisoit bien voir qu'il auoit autrefois appris à écrire. Cela me confirme en l'opihion que i'ay prouuée en mon Traitté de la Connoiſſance des Animaux, où i'ay monſtré que nous auons des habitudes inherentes aux organes exterieurs, & differentes des Idées de la Memoire. C'eſt ce qui eſt bien clair en celuy-cy, qui ne ſe ſeruant plus des Images de ſa Memoire, auoit neantmoins, conſerué cette facilité de la main, qui eſt neceſſaire pour bien écrire. Il apprend maintenant à lire & à parler, & y auance plus, que s'il n'auoit iamais ſceu ni l'vn ni l'autre : & on eſpere que ſon cerueau eſtant fortifié, il s'y fera vne Reminiſcence generale de ce qu'il a ſceu auant ſa bleſſeure.

Il eſt donc bien éuident, que la diſſipation & l'obſcurité des Eſprits, empeſchent la Reminiſcéce : d'où l'on peut inferer, que leur clarté & leur abondance, contribuënt beaucoup à cette action. Nous en auons encore d'autres preuues tirées de la facilité que nous acquerons à rencontrer les Idées de noſtre Memoire, lors que l'eſperance & la ioye réueillent nos Eſprits, & les rendent plus lumineux qu'ils ne ſont d'ordinaire. En ces occaſions, les Imaginations les plus peſantes, deuiennent ingenieuſes : c'eſt c'eſt par là, qu'on peut rendre raiſon de ce que dit Montagne, que bien ſouuent vn Aduocat change d'opinion quand il voit de l'argent, ou que ſa partie luy en fait eſperer. La Ioye & l'Eſperance luy éueillent les Eſprits, & luy font trouuer en ſa Memoire des moyens de defenſe, qu'il n'euſt iamais trouuez ſans cette nouuelle lumiere. Il eſt certain qu'vn peu de colere ſied bien à beaucoup de perſonnes, & que ſans le feu de cette paſſion, toutes les beautez de leur Memoire demeureroient en obſcurité. Vn peu de vin ſert à quelques autres, & leur fait faire des pointes & des rencontres, qu'ils ne ſçauroient faire de ſang froid. Il y a de meſme de certaines folies, qui rendent les hommes Poëtes & Orateurs, & qui leur rendent preſentes en vn inſtant, toutes les Idées de leur Memoire, & qu'ils n'euſſent pas peu eſperer de leur conſtitution naturelle. I'en connois d'autres qui tremblent touſiours, lors qu'ils commencent de reciter en public quelque diſcours eſtudié, & qui ne s'aſſeurent iamais en leur Memoire, qu'apres que leurs Eſprits ſe ſont échauffez.

 Il eſt donc conſtant, que l'abondance

O

des Esprits, que leur chaleur, & leur lumiere seruent à faire la Reminiscence ; c'est à dire, comme ie l'ay expliqué, à representer à l'Imagination les choses qui sont desia dans la Memoire. Il est aussi éuident que les Esprits ne transportent pas les Images de la Memoire, & qu'ils ne les font pas changer de place, encore qu'ils les representent à l'Imagination, dont nous supposons tousiours que l'organe est different de celuy de la Memoire, comme nous l'auons prouué cy-deuant. Il ne reste donc aucun moyen, par lequel les Images se puissent communiquer à la phantaisie, que ce que l'eschole appelle vne propagation de qualitez. Il faut que l'Espece de la Memoire estant illuminée par les Esprits, produise vne semblable Espece, qui s'estend au trauers du rayon de ces Esprits, iusques dans le lieu de l'Imagination. Il en est comme d'vn objet externe, qui estant esclairé par la lumiere du Soleil, enuoye son Image aux sens externes au trauers de l'air illuminé, & de là dans l'Imagination. Il faut bien de toute necessité que cela soit ainsi : car puis qu'il n'y a que deux moyens, par lesquels vne chose se puisse communiquer, &

que nous auons prouué que l'vn, qui est le mouuement local, est impossible; il ne nous reste point à choisir, & il faut necessairement que cela se fasse par la multiplication de l'Espece. D'ailleurs, puis-qu'il est certain que c'est par ce moyen & par cette propagation, que les Images se communiquent aux sens externes & à la phantaisie, & de là dans la Memoire, nous ne sçaurions trouuer de moyen qui soit plus conforme à la verité, & plus conuenable à leur nature, pour expliquer de quelle façon elles se communiquent de la Memoire dans l'Imagination. Elles vont quelquesfois plus auant; & l'Imagination estend leur multiplication iusques dans les sens externes: De là viét que les Melancholiques croyent auoir veu des phantosmes qui leur sont representez par leur phantaisie, & que des personnes sages ont creu voir des hommes armez & des espées nuës, parce que leur Imagination effarouchée par vne crainte subite de ces choses, leur en renuoyoit l'Image iusques dans les yeux.

Ces Images ne se diminuënt pas en la Memoire, encore qu'elles en produisent d'autres qui leur sont semblables. Au contraire, elles s'en fortifient par la reflexion qui se fait de ces nouuelles productions, qui estant renuoyées dans la Memoire, se joignent aux vieilles Images, & les fortifient. Il en est comme de la chaleur du feu, que l'on sent plus aspre & plus bruslante durant les fortes gelées: parce que la chaleur qui en sort est refléchie; ou comme de la lumiere d'vne chandelle, qui esclaire dauantage, lors qu'elle est repoussée vers son principe. Figurons nous vne Mere, qui regarde la marque que son Imagination a imprimée sur le corps de son Enfant; sans doute qu'en conceuant cette marque & le l'imaginant, elle l'accroistroit si son Imagination auoit le mesme pouuoir sur cét Enfant, qu'elle y a eu autrefois. Nostre phantaisie a marqué de mesme nostre Memoire de plusieurs Especes qu'elle y a imprimées en les conceuant : elle conserue tousiours la mesme faculté, & ne s'imagine point de nouuelles Images produites par celles de la Memoire, qu'elle ne les enuoye encore en la Memoire, pour y grossir les premieres Idées qu'elle y auoit grauées. Voila, ce me semble, le moyen le plus probable d'expliquer comment c'est que la meditation accroist & fortifie les Images, & comment c'est qu'elle les rend plus visibles à la phantaisie, & plus faciles à trouuer dans la Reminiscence. C'est par là que ie conclus, que nous deuons nous figurer l'Imagination & la Memoire, comme deux chambres qui s'entre-communiquent par vne porte. Dans l'vne, qui est celle où reside l'Imagination, il n'y a que de la lumiere: dans l'autre, il y a quantité de portraits, qui sont dans l'obscurité. Il ne faut pour les rendre visibles de l'vne à l'autre, que transporter vn peu de lumiere. *Voyez, s'il vous plaist, le Chapitre troisiesme du premier Liure, il vous aidera beaucoup pour l'intelligence de celuy-cy.*

Pourquoy l'Image que nous cherchons, se presente d'ordinaire plustost qu'vne autre.

Chapitre IV.

APRES ce que nous venons d'escrire, il est aisé à comprendre, qu'il n'y a dans la Reminiscence, aucun mouuement local des Images: qu'il n'y a que les Esprits du cerueau qui soient remuëz de cette sorte, l'Imagination les enuoyant dans la Memoire, où ils excitent les Idées que nous cherchons, & les representent à la phantaisie.

Mais il reste de sçauoir, pourquoy ces Esprits vont plustost illuminer, & exciter vne Espece qu'vne autre? Et qui c'est qui les conduit & les dirige précisément sur l'endroit de la Memoire, où repose cette Espece? Il n'y a point d'apparence d'attribuër cela à vn mouuement irregulier des Esprits, ni de dire que c'est vne rencontre fortuite de l'Espece. Cela n'est vray que quelquesfois, comme lors que sans y penser, nous rencontrons le nom d'vn homme que nous n'auions pû trouuer en y pensant auec attention : Mais lors qu'il est question de nostre nom, ou de quelqu'autre qui nous est tres-familier, nous n'y manquons iamais.

Il ne faut pas dire aussi que nostre Imagination se souuient de toutes les Images qui sont dans la Memoire, ni qu'elle en a des Idées, & des endroits où ces Images sont placées : Car si cela estoit, il ne nous faudroit point d'autre Memoire que l'Imagination, & il n'y auroit point de distinction entre ces deux facultez. Secondement, s'il y auoit tant d'Idées en la phantaisie, elle y penseroit continuëllement, & ne pourroit pas les connoistre distinctement. Pour le troisiesme, il n'y auroit iamais de difficulté à faire la Reminiscence, parce qu'il ne faudroit iamais chercher les Images ; Elles seroient toutes trouuées, & touſiours presentes à nostre Imagination.

Il n'y a aussi point d'apparence de soustenir, que toutes les Images qui se rencontrent facilement, sont en la phantaisie, &

qu'il n'y a que celles qui font difficiles à trouuer, qui foient en la Memoire : Car fi cela eſtoit, il y auroit fans comparaifon, plus d'Images en la phantaifie, qu'il n'y en auroit en la Memoire : parce que nous auons facilité pour quafi toutes les chofes dont il nous fouuient. Ainfi nous ne fçaurions éuiter la confufion qui naiſtroit en la phantaifie de la prefence continuelle de tant d'Images. Secondement, vne Image que nous n'auons pû trouuer aujourd'huy, fe trouuera demain fans peine, encore qu'elle ne change point de place, comme nous l'auons prouué.

Neantmoins, i'ay creu autrefois quelque chofe d'approchant de ce que ie viens de refuter. Ie me fondois fur ce que i'ay monſtré au Chapitre 2. du fecond Liure. Ie difois, que puifque les Images recentes s'arreſtent quelque temps en l'Imagination, & qu'il y en a de fortes qui y demeurent fort long-temps, & qui y font fort importunes: il s'y pouuoit faire vne retention confufe des Images les plus generales, parce qu'elles font plus fortes que les particulieres, comme nous verrons au Chapitre huictiefme. D'ailleurs, comme il n'y a point

DE L'ESPRIT. 217

de Memoire si defectueuse, qui ne se souuienne en gros des generalitez: Ie croyois que pour foible que fust la retention de la phantaisie, elle pouuoit retenir les indices generaux des choses, dont le détail particulier ne s'arreste que dans l'appartement de la Memoire. Ie comparois l'Imagination à vn Escholier en Droict, qui ne sçait encore que les Titres des Digestes, & qui ne se souuient d'aucune loy particuliere: ou à vn homme d'affaires, qui se souuient bien d'auoir vn papier concernant vn procés, sans sçauoir autrement ce qui est contenu en ce papier. De tout cela, ie concluois qu'il se pouuoit faire, que l'Imagination se laissant conduire à l'Idée confuse & generale qu'elle a desia, allast chercher dans la Memoire les particularitez de ce qu'elle a conceu en gros: c'est à dire qu'elle y porte les Esprits de la mesme façon, qu'elle porte nos mains vers les parties de nostre corps qu'elle s'imagine; comme lors que nous portons nos mains à la teste ou à la poitrine, en parlant de l'vne ou de l'autre de ces parties.

Maintenant, ie trouue que cette explication est sujette à beaucoup de difficultez : car quand nous n'aurions d'Idées en l'Imagination, que celles des generalitez, nous en aurions vn tres-grand nombre, accompagné de beaucoup de confusion. Quand nous auons vne seule Idée arrestée en l'Esprit, elle nous empesche de penser à toute autre chose. Que seroit-ce donc, si nous y auions à toute heure cette multitude confuse d'Images? D'ailleurs, comment se pourroit-il faire, que des Idées confuses fussent le principe d'vne connoissance distincte, & qu'elles pussent conduire l'Imagination si précisement, & la porter sur l'Image particuliere qu'elle cherche? Il faudroit que nostre Imagination sceust en quel endroit de la Memoire est située chaque Image; si c'est au costé droit, ou au costé gauche du ventricule qu'elle est reseruée. Or est il que nous ne sçauons point cela.

On pourroit, neantmoins, respondre à cette derniere consideration, en disant, que comme vn paysan porte ses mains au derriere de la teste, pour y faciliter la Reminiscence, encore qu'il ne sçache point que la Memoire soit en cét endroit-là ; son Imagination peut porter le rayon de ses

Esprits sur l'endroit de la Memoire, où est l'Espece qu'elle cherche; encore qu'elle ne sçache point qu'elle y soit : On respondroit aussi, qu'encore que l'Imagination ne sçache point qu'elle dispose de plus de 400. muscles pour l'execution des mouuemens volontaires, & qu'elle ne sçache point leur situation particuliere, elle ne laisse pas de les trouuer distinctement, toutes les fois qu'elle en a affaire.

Ces responses & ces exemples ne me contentent pas, car le premier est fort douteux : & comme cette action ne sert de rien à faciliter la Reminiscence, elle n'est point de la nature, qui ne fait rien inutilement : c'est vn geste que nous auons veu faire à d'autres, & qui ne sert qu'à tesmoigner de la fascherie ou de l'inquietude. En effet, il y a des Nations, qui en ces rencontres portent leur main plustost au deuant, qu'au derriere de la teste. Ie trouue aussi à redire en l'autre exemple, parce que i'ay prouué ailleurs, que le discernement des muscles, ne se fait que par instinct : & sans doute, qu'il vient d'vn principe plus releué que l'Imagination, puis qu'il vient d'vne cause infaillible, qui ne manque iamais à faire ce discernement: au lieu que l'Imagination & ses Esprits manquent souuent l'Image qu'ils cherchent dans la Memoire. Ainsi ces deux exemples ne sont pas propres à expliquer la Reminiscence. Neantmoins, encore que cette explication ne me satisfasse pas, ie ne l'ay pas voulu laisser perdre; & i'ay creu, que comme elle m'a pleu autresfois, elle pourroit bien plaire à quelqu'autre.

Mais, me direz-vous, quel est enfin vostre sentiment, sur cette direction des Esprits, & sur cette rencontre des Especes, dont l'Imagination a besoin? Pour vous l'exprimer, il faut que ie suppose; que lors que cette rencontre n'est ni fortuite ni difficile à faire, elle se fait d'Images, qui pour l'ordinaire nous sont familieres, & qui sont souuent rafraischies, ou par vne reception reïterée, qui s'en fait par les sens, ou bien par vne meditation frequente. En ce cas-là, il n'y a pas grande difficulté, parce que la seule habitude qu'a l'Imagination, de trouuer cette Espece, luy peut faire rencontrer à toute heure, sans autre raison: car comme nous sçauons que l'Imagination estant distraite & occupée sur d'autres objets, ne laisse pas de mouuoir le corps à la cadence, & luy faire obseruer tous les pas d'vne courante, par la seule habitude qu'elle a de faire tous ces mouuemens. De mesmes, estant accoustumée de mouuoir les Esprits vers certains endroits de la Memoire; la seule habitude qu'elle a de les trouuer, les fait rencontrer, sans qu'elle ait aucune Idée, ny aucune connoissance de ces lieux-là, ayant prouué en ce Liure & ailleurs, qu'il y a des habitudes sans connoissance.

Cependant, encore que cette responce soit bonne, elle ne suffit pas pour toutes sortes de Reminiscences faciles: car il nous ressouuient facilemét d'vn objet que nous n'aurons veu qu'vne fois, lors qu'il n'y a pas long-temps que nous l'auons veu, sans que nostre Imagination ait eu le temps de s'y habituër. D'autres fois, nous n'aurons pas pensé à vn homme, depuis le temps que nous l'aurons veu, encore qu'il y ait plusieurs années; & neantmoins, nous le reconnoissons, dés qu'il paroist à nos yeux. En ces rencontres l'habitude n'y fait rien; outre qu'il ne s'en formeroit iamais d'habitude, si ces rencontres ne se faisoient au commencement sans habitude.

Pour donner donc vne responfe précife, il faut suppofer, qu'il n'y a de Reminifcences, que les quatre fortes dont i'ay parlé au premier Chapitre: que dans celle que nous appellons fortuite, l'Imagination n'eft conduite que par le hazard: qu'il y en a vne autre, où l'Entendement fert de guide à l'Imagination, comme nous verrons cy-apres. Ainfi, il ne nous en pourroit refter que deux à expliquer, dont l'vne fe fait lors que voyant vn homme, il me reffouuient de l'auoir veu; l'autre, lors que ce reffouuenir eft occafionné par la veuë de quelque chofe qui luy appartient. Encore eft-il clair, par ce que i'en ay expliqué au Chap. 1. du 2. Liure, que la veuë du laquais ne nous fait fouuenir du Maiftre, qu'en excitant premierement l'Idée qui nous reftoit de ce laquais, auec laquelle l'Idée du Maiftre fe trouue par occafion en noftre Memoire. Ainfi, toute noftre difficulté aboutit à fçauoir, pourquoy l'Image d'vn objet que mon Imagination connoift de nouueau, excite pluftoft l'Image de ce mefme objet dans ma Memoire, que cent autres Idées qui y font plus fortes, & plus recentes ? Et pourquoy les Esprits estans chargez de cette nouuelle Image, la vont plustost porter en l'endroit où il y auoit vne semblable Image, que dans vn autre lieu ?

Ie respons, qu'il faut necessairement que la rencontre de ces deux Images soit causée par la ressemblance, & par la sympathie qu'elles ont entr'elles ; & qu'il faut, que celle qui est dans la Memoire, attire à soy les Esprits qui sont chargez de cette nouuelle Espece, & qu'elle aille comme au deuant, par vne production continuée iusques dans l'Imagination. Premierement, tous les mouuemens de la Nature se font par sympathie, & par antipathie : & chaque chose a la vertu de s'vnir & de se joindre à son semblable. Si cela est vray de toutes les choses naturelles, cela doit estre vray aussi des Images des objets, lesquelles sont des qualitez naturelles, & peut-estre reelles, comme ie m'efforceray de le monstrer cy-apres. Au pis aller, ie prouueray par l'exemple des Especes visibles, l'inclination qu'elles ont d'éuiter leurs contraires, & de se joindre à leurs semblables. Encore que cela ne soit pas si clair dans les sons & dans les odeurs, si est-ce que l'on remarque aisément, que le son d'vne corde de luth remuë bien plus facilement celle qui est accordée sur le mesme ton, & qui peut rendre vn son tout semblable, qu'elle ne remuë vne autre corde plus lasche & plus facile à estre remuée. Puis donc qu'vne Espece excite hors de nostre Esprit ce qui est capable d'en produire vne toute semblable ; nous deuons croire, ou du moins nous le pouuons, que nos Esprits estans chargez d'vne Espece, excitent lors qu'ils sont remuëz, l'endroit de la Memoire, qui est tendu sur mesme ton, & qui peut representer vne semblable Espece. Nous pouuons croire aussi, que l'Idée de la Memoire, va comme au deuant de l'Idée de l'Imagination ; & que des deux il s'en fait vne estroite vnion, qui est ce que nous appellons la Reminiscence. Pour ce qui est des odeurs, nous sçauons que puis qu'elles ont bien la vertu d'attirer les Esprits, du cœur & d'vne partie plus esloignée, dans les femmes hysteriques, elles doiuent mouuoir plus efficacement les Esprits du cerueau, & leur seruir comme d'appast pour les joindre à celles qui sont en la Memoire. Ie ne parle point des saueurs & des autres qualitez,

qualitez, veu qu'elles semblent requerir vn attouchement immediat des sens & des objets: Il me suffit de conclure, que les Images de la Memoire, ont la vertu d'attirer leurs semblables, & que plus elles sont fortes, & plus ont-elles de vertu à les attirer, & plus de facilité à faire la Reminiscence.

De la premiere sorte de Reminiscence.

Chapitre V.

I'Ay desia essayé d'expliquer au Chapitre precedent, ce qu'il y a de plus difficile en cette sorte de Reminiscence. Ie ne laisseray pourtant pas de m'y arrester encore, afin de faire voir la verité de nos maximes generales, dans les applications particulieres que i'en veux faire.

Cette Reminiscence n'est qu'vne representation reïterée, qui se fait d'vne Image de la Memoire dans l'Esprit, lors qu'elle est excitée par vne semblable Image. Elle se trouue aux bestes de la mesme façon qu'aux hommes: c'est à dire, en toutes celles qui ont de la Memoire. Ce n'est que pour cela que la Nature leur a donné la faculté de conseruer l'Idée des objets, afin que les reuoyant, elles peussent se souuenir, ou plustost se ressouuenir de les auoir veus. Il est pourtant vray, que comme elles ne se souuiennent pas de si loin que les hommes, & que d'ordinaire elles ont l'Imagination plus pesante, elles ont aussi plus de peine à faire la Reminiscence. D'où vient que ie me suis souuent estonné de ce que le bon Homere fait reconnoistre Vlysse par vn chien, encore qu'il eust esté vingt ans absent, & qu'il fust tellement changé, que sa femme & ses domestiques ne le connoissoient point.

 Il y a encore vne autre difference, qui est que cette Reminiscence est quelquefois accompagnée d'vne affirmation, qui ne peut se rencontrer aux bestes, pour les raisons que nous auons dittes ailleurs. Cependant, elle se fait d'ordinaire sans affirmation, & nous connoissons vn homme, sans dire, c'est vn tel. Il suffit que l'Image s'en soit conseruée en la Memoire, & qu'elle reuienne dans l'Imagination, lors qu'elle est excitée par ce mesme objet.

Nous l'aurons veu il y a plus de dix ans, & n'aurons pas pensé en luy depuis ce temps-là : & peut-estre que nous n'y penserions iamais, s'il ne nous y obligeoit par vne seconde veuë. L'effet que produit cette seconde veuë, c'est à dire, ce ressouuenir ou cette Reminiscence, ne se pourroit iamais faire, si nous auions absolument perdu la Memoire de cét homme, & si son Idée estoit entierement effacée. Sans cette Image qui nous en reste, il nous paroistroit comme il fit à la premiere fois, & ne feroit pas vne plus forte impression en nostre phantaisie. Ce qui la fait plus forte, ne vient que de ce que l'Idée que nous auions en la Memoire, s'vnit dans l'Imagination, auec celle que nous receuons par les sens : & de ce que ces deux Images estant vnies, se renforcent & agissent plus fortement.

I'auray veu passer cent fois vn mesme homme dans vne ruë, sans que mon Imagination en soit presque touchée : parce qu'elle ne s'est iamais arrestée sur luy, & qu'vne impression si superficielle qu'il a faite à chaque fois sur mes sens, ne peut penetrer iufques dans ma Memoire. De forte qu'il ne faut pas s'eftonner, fi la centiefme veuë de cét homme, n'excite point de Reminifcence, & ne me fait point fouuenir des premieres. Mais il faudroit auoir l'Efprit bien diuerty, pour ne reconnoiftre pas vn amy dans vne foule : fa prefence remuë incontinent nos Efprits, & les Idées de noftre Memoire : cette émotion fe fait fentir iufques dans nos yeux ; D'où vient que nous connoiffons, à voir les yeux d'vn autre homme, s'il nous a reconnu, quelque femblant qu'il puiffe faire de penfer ailleurs.

Plus vn homme vous eft familier, & plus facilement le difcernez-vous, & de plus loin; parce qu'encore que dans cét efloignement, l'Efpece s'en affoiblilſſe, & qu'elle frappe moins la veuë, que celle d'vn autre objet moins eftoigné ; fi eft-ce que rencontrant dans la Memoire vne autre femblable Efpece, elle s'en fortifie, & fe trouue plus groffe dans l'Imagination, par le moyen de ce renfort, que n'eft cette autre qui vient d'vn objet moins eftoigné. Par la mefme raifon, ie m'entendray nommer diftinctement, encore que ceux qui feront prés de moy n'entendent rien qu'vn bruit confus & non articulé. De mesmes, quand deux personnes parlent bas en nostre presence, nous discernons beaucoup mieux, lors qu'ils prononcent nostre nom, que lors qu'ils disent quelqu'autre chose. Si vous oyez vn Predicateur de loin, il vous faudra vne extréme attention, pour profiter de ce qu'il dit, si ce n'est qu'il arriue sur des noms qui vous sont familiers, ou sur quelque sentence que vous sçauez par cœur: car lors il vous semble qu'il prononce plus distinctement, & vous n'en perdez pas vne seule parole. Dans cette rencontre, ce n'est pas tant l'Espece qui entre par l'oreille qui vous touche l'Esprit, comme celle qui estoit desia dans vostre Memoire. C'est pour cette raison, que ceux d'entre les Estrangers qui n'ont pas parfaitement appris nostre langue, ne peuuent entendre ceux qui parlent en public, s'ils ne se tiennent fort proches d'eux, ou dans vne mediocre distance. I'en ay veu qui me vouloient persuader, que l'on parloit plus bas en France, qu'en leur pays naturel: parce que leur Imagination n'y estoit frappée que par les Especes externes, qui ne pouuoient pas eſtre groſſies comme au dedans de nous, ni renforcées par celles de la Memoire.

Il y a long-temps que i'ay remarqué, qu'vn Autheur lit ſes Ouurages bien plus viſte, qu'il ne feroit ceux d'vn autre, & qu'il les lit auec moins de peine à la chandelle, qu'il n'en liroit d'autres en plein midy. I'ay auſſi remarqué, qu'il n'eſt pas ſi propre à y connoiſtre les fautes d'impreſſion, ni à corriger les épreuues: parce que ſçachant à peu prés ce qui eſt dans ſes Liures, ſon Imagination va plus viſte que ſes yeux, & ſe trouue plus fortement touchée par les Idées de la Memoire, que par les Images externes des caracteres.

Il nous arriue ſouuent de ne diſcerner point vn objet qui nous aura eſté familier, lors que nous aurons eſté long-temps ſans le voir. Cela nous arriue pour deux raiſons, ou pource que cét objet a changé depuis que nous ne l'auions veu: Ainſi les Eſpeces qu'il nous enuoye par les ſens, ont ſi peu de conformité auec celles de noſtre Memoire, qu'elles ne s'y vniſſent qu'apres beaucoup de difficulté: Ou bien cela arriue, de ce que les Eſpeces de noſtre Memoire sont si fort vieillies, & ressemblent si fort aux caracteres des Medailles qui sont vsées de vieillesse, qu'elles n'ont presque pas la force de s'estendre iusques dans l'Imagination, ni d'y attirer celles qui entrent par les sens. Elles sont si profondement enseuelies, & tellement obscurcies par d'autres, qu'il faut que les externes agissent long-temps sur elles, deuant que de les réler, & les rendre connoissables.

Quelquesfois vous ne sçauriez connoistre vn homme, s'il ne vous disoit son nom. Apres cela, vous le connoissez parfaitement. I'en ay dit la raison au Chap. 11. du second Liure. On peut adjouster icy, que cela vient de ce que le nom ne change pas, comme fait le visage. Et que cela arriue plus souuent à ceux qui ont la veuë foible, ou qui ne regardent point au visage de ceux à qui ils parlent ; ce qui empesche qu'ils ne s'en impriment bien fort l'Idée en la Memoire. De sorte qu'il faut que les Especes de la veuë soient secouruës par celles de l'ouye, qui en ces occasions se rencontrent plus fortes, au lieu que d'ordinaire elles sont plus foibles : veu que d'ordinaire il nous souuiét mieux des choses que nous auons veuës, que de celles que que nous auons ouyes. D'ailleurs, s'il nous arriue d'entendre plus souuent nommer vn homme, que de le voir; c'est, sans doute, que son nom excite plus facilement nostre Reminiscence, que sa veuë. Mais si nous l'auons veu aussi souuent, que nous auons ouy parler de luy, la Reminiscence s'en fait sans comparaison, mieux par la veuë; sur tout, lors qu'il a vn nom difficile à retenir. Cette difficulté de retenir les noms, vient, pour le dire en passant, de ce qu'ils ne sont pas ordinaires, & de ce qu'ils ne sont pas conformes aux Idées de nostre Memoire. Ainsi ils ont de la peine à s'y vnir & à s'y attacher. Mais les noms qui sont significatifs, ou qui approchent de quelque terme significatif, sont faciles à retenir : parce qu'ils sont retenus par d'autres Especes qui sont semblables, & qu'ils sont fortifiez en suitte par l'ouye frequente d'autres noms qui en approchent.

Par fois on vous dira, I'ay veu vn tel qui s'est enquis de vous : ce nom vous surprendra, & vous direz, ie cōnois ce nom là : mais il ne me souuient pas de celuy que l'on nomme ainsi. Neantmoins, auec le temps,

& sans que l'on vous en donne d'autres indices, il vous en ressouuient tout à coup. Cela se fait quelquesfois par vne Reminiscence fortuite, que nous expliquerons cy-apres : Cela vient aussi de ce que nostre Imagination embrassant cette Espece auec attention, luy donne le temps d'agir sur les Especes de la Memoire, & de les rendre visibles à l'Imagination. Il se rencontrera aussi que vous n'aurez pas compris ce qu'vn autre vous aura dit, & que vous le prierez de le redire : Cependant, vous le comprenez en suitte, deuant qu'il ait recommencé de parler. Ce qui se fait lors que l'on n'est point diuerti, par la mesme raison que ie viens d'expliquer. Mais lors que cela vient de ce que l'Esprit est attentif à autre chose, il en faut chercher vne autre raison, que i'ay déduitte au Chap. 9. du 1. Liure. Celle-cy n'a lieu que lors que l'on ne vous a pas parlé distinctement, ou d'assez prés. C'est par là aussi qu'on peut dire la cause, de ce que voyant vn homme qui passe en la ruë, vous ne le connoissez qu'a-prés qu'il est passé, & que vous ne le voyez plus. Et de ce que vous ne discernez quelquesfois distinctement vne odeur, qu'aprés que vous ne la sentez plus, & qu'elle est esloignée de vostre odorar.

De la seconde sorte de Reminiscence.

CHAPITRE VI.

I'Ay esté obligé de parler tant de fois de ce genre de Reminiscence, qu'il sera impossible que vous ne trouuiez icy quelques redittes. I'ay desia dit, que cette seconde Reminiscence ne se fait iamais sans la premiere, que nous venons d'expliquer : & qu'elle vient, de ce que les Esprits rencontrant deux Images dans la phantaisie, se chargent en mesme temps de l'vne & de l'autre, & les portent conjointement dans vn mesme endroit de la Memoire : De sorte que l'vne estant excitée par vne Image toute semblable, les Esprits qui la vont reconnoistre, découurent en mesme temps l'autre Image qui luy est conjointe. I'en ay donné ailleurs diuers exemples, & peu s'en faut que ie n'en aye remply le 9. Chap. de mes Confiderations fur Charron, où ie me suis efforcé de choifir ceux qui font les plus propres pour l'explication de cette Reminifcence.

Il eft, neantmoins, tres-aifé d'en trouuer beaucoup d'autres, parce qu'il n'y a rien fi ordinaire en toutes nos connoiffances. On voit fouuent, que les femmes mettent des épingles fur leurs manches, pour fe faire fouuenir des chofes qu'elles ont dans l'efprit, en mefme temps qu'elles mettent ces efpingles. Vn feul mot que vous entendrez d'vne periode, vous la fait bien fouuent comprendre toute entiere. Cinq ou fix caracteres au bas d'vne lettre, vous feront penfer au vifage d'vn homme, à fa maifon, à fa profeffion, & à fa fortune. Si vous voyez deux hommes d'ordinaire enfemble, vous en nommerez quelquesfois l'vn, en penfant nommer l'autre. Il vous arriue encore plus fouuent d'appeler vne femme mariée en fecondes nopces, du nom de fon premier mary, encore que vous fçachiez auffi bien, ou mieux, le nom du fecond. En ce cas-là, il faut, comme ie l'ay expliqué ailleurs, que vous ayez le nom du fecond mary, en plus d'vn endroit de voftre Memoire, & qu'en l'endroit où il est joint à l'Idée que vous auez de cette femme, il ne soit pas si expressif qu'il est ailleurs, ni qu'est en ce lieu-là, le nom du premier mary. En suitte, l'Idée du mort se diminuant tous les iours, & celle du viuant se fortifiant à toute heure, vous appellerez cette femme tantost d'vn nom, & tantost d'vn autre, iusques à ce que l'Image du dernier se soit tellement renforcée, qu'elle obscurcisse l'autre. De mesmes, quand l'on contracte des alliances auec des personnes que vous estiez accoustumé d'appeller de quelqu'autre nom, vous auez peine de leur donner le nom d'alliance, aussi bien que d'appeller Monsieur, celuy qui de la condition de valet où vous l'aurez veu, sera esleué à quelque grande fortune. L'Image de sa premiere condition se rencontre long-temps auec celle de son visage, & il est difficile d'enuisager l'vne sans l'autre.

C'est par-là qu'il faut rendre raison de ce qu'vn homme ayant assisté à l'execution d'vn criminel qui fut bruslé, conceut vne si forte horreur contre l'odeur des viandes grillées, qu'il ne la pouuoit supporter. Quelques-vns qui auoient veu faire la dissection de la teste d'vn pendu, n'ont pû souffrir en suitte la veuë d'vne teste de veau: d'autres ont eu de l'auersion pour les femmes, à cause qu'ils auoient veu faire l'Anatomie d'vne Matrice, ils ne pouuoient voir de femmes, qu'elles ne renouuellassent cette fascheuse Idée de leur Memoire.

Il semble plus difficile à expliquer de ce qu'vn homme estant entré la premiere fois dans vne Synagogue, eut vn mal de cœur causé de la mauuaise odeur qu'il auoit oüi dire qu'auoient les Iuifs. Il y a vne femme au monde, qui se sentit fort incommodée, pour s'estre approchée d'vn personnage qui estoit en reputation de porter tousiours du Musc, encore qu'il n'en eust point sur luy, & que ce ne fust qu'vne Imagination. Preoccupez certaines gens, & leur persuadez que vous trouuez de l'aigreur au vin que vous leur presentez, ils ne manqueront pas d'y en trouuer.

Pour sçauoir la raison de ces Imaginations, & des effets qu'elles causent, il se faut figurer, que celuy qui se sentit incommodé en cette Synagogue, auoit oüi dire, que les Iuifs sentoient mal. Ainsi il auoit logé l'Idée qu'il auoit des Iuifs au mesme endroit où estoit l'Idée des mauuaises odeurs : De sorte que cette Synagogue luy renouuellant l'Image des Iuifs, luy fit par mesme moyen rentrer en l'Imagination, les Images des mauuaises odeurs, qui firent le mesme effet sur les Esprits du cerueau, & par sympathie sur ceux du cœur, que si elles eussent entré par les narines. Mais, me direz-vous, c'est vn objet réel, & present, qui agit par le nez, & ce ne sont pas, comme icy, de seules Images. Ie respons, que sans entrer en contestation si les Images sont réelles ou non, il est certain qu'vn objet present, n'agit sur la phantaisie que par le moyen de ces Images, qui estant les mesmes que celles qui s'impriment en la Memoire, elles ne peuuent estre capables que des mesmes effets. Ie sçay pourtant bien, que lors qu'elles sortent immediatement de l'objet, elles sont plus agissantes, que si elles auoient demeuré quelque temps en la Memoire. Ce n'est pas pour cela qu'elles ayent changé de nature: c'est seulement qu'elles sont affoiblies, & qu'elles n'ont pas tant de force, que celles qui sont receentes : Elles ont au reste, la mesme vertu, & produisent les mesmes effets. Il me souuient qu'vn homme ayant esté surpris par l'oüie, d'vn son desagreable que fit vn cousteau sur vne assiette, fut quelque temps sans pouuoir continuër son discours, & que depuis il ne s'en pouuoit ressouuenir, sans ressentir durant quelques momens la mesme incommodité.

Cette Reminiscence n'exige aucune sorte de Raisonnement, il n'y a ni affirmation, ni negation, & par consequent, ni verité ni fausseté en cette connoissance. C'est vn simple mouuement de l'Imagination, qui voit vne chose auec vne autre, ou apres vne autre, parce qu'elles sont placées ensemble. Elle ne raisonne non plus en cela, que fait nostre œil, lors qu'à l'ouuerture d'vn Liure, il ne peut voir la premiere lettre d'vne ligne, qu'il ne voye aussi la seconde. Il faut bien qu'il y ait d'autres sortes de connoissances dans le Raisonnement. Il ne suffit pas qu'il se fasse quelque progrés d'vne chose à l'autre. Il faut premierement, que ce progrés se fasse d'vne chose conuë, à vne autre qui n'est pas connuë, ou qui ne l'est que confusément. Secondement, il ne faut pas que la suitte de ces deux choses soit immediate, autrement noſtre Entendement ne les vniroit pas, par les moyens dont il ſe ſert pour les vnir dans le Raiſonnement. Enfin, il ne ſuffit pas à l'Entendement, lors qu'il raiſonne, de connoiſtre les choſes qui ſont vnies par vn moyen: Il doit connoiſtre qu'elles ſont vnies, & que c'eſt par l'entremiſe de ce moyen; ce qui ne ſe peut faire ſans vne reflexion de connoiſſance.

I'auois oublié de dire, que Fracaſtor appelle cette ſeconde ſorte de Reminiſcence, vne *ſubnotion*, qui eſt vn terme peu intelligible. Peut-eſtre qu'il a voulu exprimer, que c'eſtoit vne connoiſſance occaſionnée: parce que de la connoiſſance d'vne choſe, vous paruenez par occaſion à la connoiſſance d'vne autre, & de celle-cy à vne troiſieſme. Noſtre Imagination va quelquesfois bien plus loin, ſur tout lors qu'elle eſt pouſſée par quelque paſſion, ou qu'elle n'eſt pas retenuë par le iugement. Car lors elle courra de ſuitte toutes les Images qui ſont dans vn lieu commun de la Memoire. Donnez audiance à vn Amoureux ſur le ſujet de ſa Maiſtreſſe, & vous verrez que toutes les choſes qu'il a veuës,

& ouïes

& oüies de cette aimable personne, s'entresuiuent en sa Memoire, comme les boucles d'vne chaisne.

Arrestez-vous au discours d'vn pere qui pleure la mort de son Enfant. Il vous racontera, pourueu que vous ne l'interrompiez pas, toute la vie de cét Enfant, iusques à des sottises & des malices. Permettez à vn plaideur de donner dans l'enfilade des griefs & des injustices que l'on luy fait, il ne finira iamais, qu'il n'ait espuisé l'endroit de sa Memoire, où il a logé toutes les Idées de son procés. Il y a des hommes qui sont encore plus importuns: car si vous leur permettez de s'échauffer en quelque discours, ils n'acheueront iamais, qu'ils n'ayent dit tout ce qu'ils sçauent, non seulement sur le sujet dont il est question, mais aussi sur tous les autres. Cela arriueroit à tous ceux qui ont du feu en l'Imagination, s'ils ne se seruoient de leur iugement, pour faire l'interruption de cette suitte d'Images, & pour n'en exprimer que ce qu'il est necessaire d'en sçauoir. Vn sçauant Autheur ne finiroit iamais la composition de son Liure, s'il n'employoit son iugement à rompre l'enchaineure des Images de sa Memoire: Et tous ses ouurages ressembleroient aux Commentaires de Budé, aux Essais de Montaigne, & à quelques autres Liures, que ie ne veux pas nommer. Ie veux seulement aduertir ceux qui ont dessein de se rendre sçauants, de la sorte qu'il faut l'estre, ou ne l'estre point du tout de ne lire que des Liures solides & iudicieux. Ils verront que c'est vne grande aide, & qui sert beaucoup à disposer iudicieusement les Idées, & à s'accoustumer à ne parler qu'auec vne suitte raisonnable: au lieu que dans les Liures mal-faits, on s'accoustume insensiblement à raisonner mal, & à extrauaguer, quand mesme on ne les liroit que pour en rire, & pour s'en diuertir. Il en reste tousiours vne teinture bien importune. La conuersation familiere de ceux dont l'entretien est impertinent, est du moins aussi dangereuse, & on ne sçauroit s'accoustumer à supporter de mauuais raisonnements, que l'on ne s'accoustume d'en faire. Nous auons bien autant de complaisance pour nous-mesmes, que nous en auons pour vn autre, & ce que nous souffrons aujourd'huy en la bouche d'vn autre, nous le souffrirons demain en

DE L'ESPRIT. 243

nostre Esprit, & nous reconnoistrons par experience, que les vices de la Raison sont aussi contagieux, que ceux de la volonté.

De la troisiesme sorte de Reminiscence.

CHAPITRE VII.

CETTE troisiesme sorte de Reminiscence, est la mesme que nous auons appellée cy-dessus, vne Reminiscence fortuite : parce qu'encore qu'elle se fasse par diuers moyens, le hazard y a tousiours plus de part, qu'aucune autre cause. Premierement, il nous arriue quelquesfois de chercher le nom de quelque chose, & de ne le trouuer point, que lors que nous ne le cherchons plus. I'ay veu arriuer cela à tous les hommes de ma connoissance; mais plus souuent encore à ceux qui ont la Memoire confuse, & qui n'ont iamais pris le temps de digerer les Especes qu'ils y ont logées. Il en est d'eux en cette rencontre, cóme de

Q ij

ces hommes d'eſtude, qui ne trouuent pas leurs Liures, lors qu'ils en ont beſoin, & les trouuent en ſuitte, lors qu'ils en cherchent vn autre, & qu'ils n'ont plus affaire du premier: Cela vient, ou de ce qu'ils ne l'auoient pas mis en ſon rang, ou bien de ce qu'ils n'auoient pas pris aſſez de peine à le chercher. De meſme, ceux qui ne rencontrent pas les Images de leur Memoire, qu'ils ont intention de trouuer, ne les cherchent pas en la place où ils les auoient miſes; ou bien c'eſt qu'encore qu'ils les y cherchent, ils ne s'y arreſtent pas aſſez long-temps. L'inconſtance & la mobilité de leur Imagination, l'emportent hors du lieu où ſont ces Images, auant qu'elle ait eu le loiſir de faire l'inuentaire particulier de ce qu'elle auoit placé en ce lieu-là. Elle eſt ſi impatiente, que ſi elle ne rencontre d'abord ce qu'elle deſire, elle va viſiter ailleurs. Plus elle fait de chemin, & plus auſſi elle s'eſloigne de ce qu'elle cherche. Ainſi elle ne peut le rencontrer, que lors que quelqu'autre deſſein la fait retourner au meſme endroit, où, ſans y penſer, elle met la main: c'eſt à dire, les Eſprits qui luy ſeruent de main, ſur les Images qu'elle auoit cy-deuant cherchées.

Quelquesfois vn objet externe, vous aidera beaucoup à conduire l'Imagination sur les Idées que l'on n'auoit pû trouuer. Des hazards de cette nature, font que certains Poëtes ont rencontré la rime d'vn Vers, ou dequoy finir ingenieusement vn Sonnet, apres auoir desesperé de le pouuoir faire.

Il y a vne autre sorte de Reminiscence, qui ne laisse pas d'estre fortuite, encore qu'elle soit tousiours accompagnée du dessein de trouuer vne Image. L'Entendement sçait, qu'elle est dans la Memoire : Il ne sçait pourtant point, auec quelles autres Images elle est logée, ni à quoy elle ressemble, ni à quoy elle contrarie. Ainsi, n'ayant point ce fil d'Ariadne, pour se conduire en ce labyrinthe, il ne sçait par où s'y prendre ; Il s'en inquiete, & fait part de son inquietude à l'Imagination, qui d'elle-mesme est assez encline aux mouuemens irreguliers. Ainsi, se trouuant poussée, & de son inclination particuliere, & du branle que luy donne l'Entendement, elle voltige d'vn lieu en l'autre. Ie veux dire, qu'elle agite incessamment ses Esprits, qui apres auoir inutilement parcouru diuers endroits de la Memoire, éclairent enfin par hazard celuy où est l'Image, que nostre Entendement souhaitte d'enuisager. Il luy arriue comme à ceux, qui encore qu'ils ne sçachent point le temps, ni le lieu où ils ont perdu quelque chose, ne laissent pas de la trouuer : parce qu'ils la cherchent indifferemment par tout, sans suiure aucun ordre en cette enqueste. I'ay remarqué, que ceux qui auoient l'Imagination naturellement inquiete, & les Esprits les plus brouillons, reüssissoient mieux à faire cette derniere sorte de Reminiscence, de laquelle ils ne laissoient pas de se glorifier, l'attribuans à vne bonté d'Esprit. C'est qu'ils auoient leu, qu'il n'y a point de Reminiscence, qui ne soit vn effet immediat de l'Entendement : Ainsi ils concluoient, qu'il falloit qu'ils eussent beaucoup d'entendement.

De la quatriesme sorte de Reminiscence, qui est un effet de l'Entendement.

Chapitre VIII.

JE viens de remarquer, que la Raison sert quelquesfois par accident à la Reminiscence, en inquietant l'Imagination. Elle y contribuë encore plus par d'autres moyens, dont le premier est, qu'elle retient la phantaisie & ses Esprits, & qu'elle les assujettit sur l'endroit de la Memoire, où doit estre l'Image qu'elle cherche. Par exemple, i'auray esgaré le nom qu'auoit Constantinople, auant que Constantin l'eust rebastie. Pour le trouuer, i'arresteray mon Imagination en l'endroit où est Constantinople, & l'y feray regarder fort attentiuement. Par le moyen de cette attention, les Esprits se multiplient & s'vnissent dans le cerueau, ainsi que ie l'ay expliqué cy-deuant ; Ces Esprits eſtant ramaſſez, éclairent ſi bien cét endroit de la Memoire, qu'ils y font paroiſtre Byzance auprés de Conſtantinople, leurs Eſpeces ne pouuant pas eſtre fort eſloignées en la Memoire d'vn homme, qui a ſouuent leu que ce fut Byzance, que Conſtantin fit appeller de ſon nom. Neantmoins, comme nous parlons plus ſouuent de Conſtantinople que de Byzance, l'Eſpece de l'vne eſt plus viſible, que celle de l'autre, & ſe trouue plus facilement.

Mais il y a lieu de s'eſtonner, de ce que de deux noms qu'aura vne choſe, nous trouuerons quelquesfois plus aiſément celuy que nous auons le moins imprimé, ſans que l'autre qui eſt le plus ordinaire, ſe puiſſe preſenter ſur l'heure. Ariſtote a le premier remué cette difficulté, & a reſpondu, que puis que dans la Nature il ſe fait des Monſtres & des choſes extraordinaires; à plus forte raiſon s'en doit-il faire dans l'action des cauſes, qui n'agiſſent que par couſtume. Il pouuoit dire plus clairement, que comme les Eſprits qui font la ſtructure de noſtre corps, ne ſuiuent pas touſiours l'ordre de la Nature; il leur doit bien eſtre plus facile de s'égarer lors qu'ils ne ſont conduits que par vne habitude. Encore que cette reſponſe ſoit fort bonne, elle eſt trop generale. Voila pourquoy Fracaſtor en a dõné vne autre qui eſt beaucoup meilleure. Il dit qu'en cherchant vn nom familier, on en rencontre vn autre qui ne l'eſt pas tant : que cela arriue, de ce que le nom moins familier, conuient en quelque choſe auec celuy que nous cherchons ; & que c'eſt la conuenance qui nous le fait rencontrer. Mais comme il y a auſſi quelque difference, noſtre eſprit qui s'eſtoit laiſſé emporter à cette Idée, y trouue en partie ſon compte, & en partie il ne l'y trouue pas. De là vient vne confuſion qui nous broüille l'Eſprit, de la meſme façon qu'il ſe trouble dans la honte & dans la timidité. Ainſi cette reſſemblance eſt pluſtoſt vn empeſchement, qu'vne aide qui ſerue à la Reminiſcence : D'où vient qu'ayant vn iour affaire du nom de Dorothée, il s'arreſta, dit-il, ſi fort ſur Theodore, que cette Idée empeſcha qu'il n'arriuaſt ſur Dorothée. Voila quelle eſt la reſponſe de Fracaſtor, où ie trouue à redire, premierement, qu'elle contrarie ſes principes : Car s'il eſtoit vray, que toutes les Images fuſſent dans vn mesme poinct, il seroit impossible d'y voir vne Image moins apparente, & n'y voir pas vne autre qui seroit plus visible, ainsi que i'ay representé au Liure precedent. Secondement, il n'est pas vray qu'il y ait tousiours conuenance entre les Images, dont l'vne se presente pour l'autre. Il suffit que quelqu'autre raison les ait logées ensemble. Pour le troisiesme, si cette ressemblance faisoit vn mouuement confus des Esprits, comme dans la honte : ceux de Fracastor ne se fussent pas arrestez sur Theodore, ny sur aucune autre Idée, comme il arriue d'ordinaire en ces occasions.

De sorte que, pour ne prendre que ce qu'il y a de bon en cette responfe, & y adjouster ce que nous pourrons du nostre, il faut dire que les Images de la Memoire sont logées par ordre, comme nous l'auons prouué, & que non seulement celles qui se ressemblent, mais encore toutes celles qui ont quelque rapport, sont logées proches les vnes des autres. Ainsi en pensant au visage de Dorothée, l'Idée de ce visage conduit d'ordinaire nos Esprits sur l'Idée de son nom, qui touche à celle du visage. Mais pour peu que ces Esprits biaisent &

chancellent en faisant ce mouuement, ils se rencontrent sur Theodore, au lieu d'aller droit sur Dorothée. Bien-souuent ils s'arrestent sur la premiere Image qu'ils ont rencontrée. Bien-souuent aussi ils ne s'arrestent point, mais continuans leur égarement, ils enuisagent toutes les Especes qui ont conformité auec Theodore : Cette conuenance les emporte sur Diodore, Metrodore, Calliodore, & sur les autres terminaisons de mesme genre. Ainsi, plus nostre Imagination voit d'Images, & plus elle s'esloigne de son but. Mais nostre Entendement ne trouuant pas son compte en Calliodore, & n'y trouuant pas cette syllabe *Thé*, qui luy auoit fait prendre Theodore pour Dorothée ; il connoist par vne reflexion, que l'Imagination s'égare, & la rameine par force dans l'endroit où sont diuerses Images de cette syllabe *Thé*. Ainsi la ramenant, il la contraint de lire les caracteres de la Memoire, dans vn ordre contraire à celuy qu'elle auoit premierement suiuy : De sorte que retournant sur ses pas, elle rencontre d'ordinaire l'Image qu'elle n'auoit esgarée, qu'à cause qu'elle auoit tourné à gauche de Theodore, au lieu de tourner à droit. Qui s'auiseroit en ces occasions, & lors que l'on se trouue embarassé par quelque conuenance, de renuerser l'ordre des syllabes & des lettres, comme on fait dans les Anagrammes, on y trouueroit vne grande aide pour la Reminiscence.

Mais, direz-vous, d'où vient que les Esprits s'égarent la premiere fois, & qu'ils passent sur vne Espece familiere, ou bien proche d'elle, sans la reconnoistre? Ie respons, que cela vient de ce qu'ils ne sont pas assez habituez à rencontrer cette Image, ou bien de ce qu'ils sont naturellement chancellans, ou plustost de ce que quelqu'autre cause qui ne leur est point naturelle, les fait broncher. Il leur arriue comme aux Enfans, qui n'ont encore pas bien parfaitement appris à lire, & qui ne sont encore pas bien asseurez en cette action: I'ay remarqué qu'ils sautent quelquesfois, sur tout lors qu'ils se hastent, pardessus certaines syllabes qu'ils ont deuant les yeux: Et encore que la syllabe qu'ils obmettent soit plus proche de celle qu'ils ont leuë, que n'est celle qu'ils lisent en suitte, ils ne laissent pas d'y passer la veuë, sans la voir distinctement, n'estant pas necessaire que cette plus grande connexion determine en sorte les yeux, qu'ils ne se puissent égarer. Et iamais ils ne se corrigeroient de cét égarement, si leur Maistre, qui sert comme d'Entendement à leurs sens, ne les faisoit reuenir sur leurs pas, pour retrouuer la syllabe qu'ils auoient obmise. I'ay aussi remarqué, qu'ils ne prononcent pas tousjours les mots selon qu'ils sont escrits, qu'ils y changent souuent des lettres, qu'ils les prennent les vnes pour les autres, sur tout lors qu'elles ont quelque conformité: qu'ils renuersent l'ordre des syllabes, & qu'ils lisent Theodore pour Dorothée, tout de mesme que fait nostre Imagination.

Si vous obligez vn Enfant de reciter sa Leçon, & qu'il obmette la quatriesme periode, il ne laissera pas quelquesfois de dire la cinquiesme de la mesme façon, que s'il n'auoit point manqué. Que si vous l'arrestez-là, & que vous luy commandiez de vous dire ce qui precede immediatement cette cinquiesme periode, il ne le sçauroit faire, si vous ne le faites recommencer, ou du moins prendre la chose de plus haut. Il faut de mesme, que nostre Entendement force nostre Imagination, de retourner sur ses pas, & qu'elle prenne les choses de loin, autrement elle ne rencontreroit iamais ce qu'elle a vne fois laissé perdre. Encore faut-il bien-souuent beaucoup de temps & de peine à la rencontrer, & y repasser plus d'vne fois: Cela vient de ce que l'Imagination ayant ioint par hazard les Especes de la troisiesme & cinquiesme periode, cette vnion fait qu'elles se rencontrent tousiours ensemble: & il faut donner à l'Imagination le temps de se diuertir sur d'autres periodes plus esloignées: parce que dans le temps de ce diuertissement, l'vnion de la troisiesme & cinquiesme se dissout, & se rompt dans l'Imagination. Ainsi elle fait place à l'ordre, qui est dans la Memoire.

Il est donc éuident, qu'en certaines Reminiscences il faut que l'Entendement agisse, & que s'il s'en fioit à l'Imagination, elle ne reuiendroit iamais de son égarement. Il est encore plus éuident, que la Raison agit, lors qu'il se faut ressouuenir du temps auquel vne chose est arriuée: car i'ay monstré ailleurs, que la phantaisie ne connoist point le temps, & qu'elle ne distingue point le passé d'auec le present. Secondement, nous experimentons que toutes les fois que l'on s'enquiert du téps, & que l'on est en peine de le trouuer, nous faisons des syllogismes. Il faut, disons-nous, qu'il y ait plus de quatre ans que vous soyez reuenu de voyager: car vn tel viuoit encore, qui mourut vne telle année. Il ne se peut, disons nous, que ce que vous dites soit arriué au Printemps; car il me souuient que lors que cela arriua, nous mangions des Raisins: De là, nous concluons que ce fut en Esté, ou en Automne. Par apres, nous diuisons l'Automne en toutes ses parties, & recherchons, par vn autre raisonnement, en laquelle cela s'est pû rencontrer.

Il est aussi manifeste, que toutes les fois que nous employons vne Idée generale, pour en trouuer vne particuliere, ou vne singuliere, il faut qu'il y ait du raisonnement. Or est-il que cela nous arriue d'ordinaire en la Reminiscence, parce que la premiere chose que nous connoissons, c'est ce qu'il y a de commun, & cela nous aide à rencontrer les particularitez: Et il nous est bien plus facile de dire, cette femme portoit vne juppe blanche, que de dire, qu'elle estoit de toile, de satin, ou de taffetas. Par apres, cette Idée generale nous fait descouurir peu à peu les Idées particulieres qui luy sont conjointes: car quand nous parlons icy de generalitez, nous n'entendons pas parler des vniuersalitez de Logique, qui sont abstraittes de toutes les differences singulieres. Celles-cy sont elles-mesmes tres-singulieres, & ne sont dittes generales, qu'à cause qu'elles sont confuses, & qu'elles sont faites de la confusion de plusieurs singulieres. Elles sont d'ailleurs conjointes en la Memoire auec toutes leurs differences: De là vient que l'Imagination ne se peut arrester sur l'Idée generale, qu'elle n'y descouure les autres. Seulement elle y est la premiere enuisagée, parce qu'elle y est la plus forte & la plus visible, dautant qu'elle y est plus souuent grossie & fortifiée. Par exemple, la blancheur dont nous auons parlé, est fortifiée en la Memoire, par la veuë de toutes les choses blanches, comme sont le laict, le succre, la neige, le papier, le marbre, &c. De sorte que la veuë de la neige, renforce

renforce l'Image de la blancheur, que la veuë du laict m'avoit imprimée ; mais elle ne renforce pas les Images des autres accidents qui sont particuliers au laict. De mesmes, l'Image de la blancheur de la neige est grossie par l'vnion qu'elle fait auec l'Image de la blancheur du laict. Mais les Images de sa consistence & de sa froideur, ne sont point fortifiées pour estre vnies à cette Idée de blancheur : Ainsi elles sont moins fortes, moins sensibles, & moins capables de toucher l'Imagination, & d'en attirer la veuë. Il faut qu'elle soit attirée & retenuë par l'Idée de la blancheur, qui estant plus forte, agit plus efficacement sur la phantaisie, & luy donne le temps par cette retention, de discerner les differences qui luy sont conjointes : De sorte que c'est vne grande aide pour la Reminiscence, de sçavoir sous quel genre est comprise l'Image que nous cherchons.

Tout de mesmes, lors que nous goustons du miel, de l'huile, du succre, &c. toutes ces choses impriment auec l'Idée generale de leur douceur, les Idées particulieres & differentes de cette douceur. Mais comme la douceur du miel, fortifie l'Idée de

R

douceur que nous auions du sucre, & que, neantmoins, elle ne fortifie pas la difference particuliere de cette douceur, il ne se faut pas estonner, si l'Idée generale de douceur est plus sensible dans le ceruau, que ses differences particulieres, ni si elle aide mieux l'Entendement à faire la Reminiscence.

Fin du troisiesme Liure.

TRAITTE' DE L'ESPRIT DE L'HOMME, DE SES FONCTIONS, & de ses connoissances.

LIVRE QVATRIESME.

Que l'Entendement differe de la Phantaisie.

CHAPITRE PREMIER.

POVR bien establir cette difference, il faudroit rechercher d'entrée, quelle est la nature de l'Ame intelligente, & monstrer de combien ses fonctions sont esleuées au dessus des facultez materielles & sensuëlles, comme sont l'Imagination & la Memoire : Mais puis-que cette recherche a desia esté faite auec succés, par quelques-vns de ceux qui ont écrit de l'immortalité de l'Ame, & que les plus grands ennemis de leur dessein, se contentent de dire qu'ils n'y ont pas reüssi, sans oser entreprendre de respondre à leurs raisons ; il n'est pas à propos d'insister sur ce sujet. Il vaut mieux differer d'en écrire, iusques à ce qu'il se rencontre quelqu'vn, qui soit assez adroit pour persuader aux Escholes, qu'elles se sont laissé surprendre par de fausses apparences, & que ce qu'elles ont pris pour des demonstrations Physiques en faueur de l'immortalité, ne sont que des Paralogismes & de mauuais raisonnemens. Mais comme ie ne croy pas qu'il s'en rencontre iamais, ni qu'vn sçauant Naturaliste puisse auoir autre opinion de nostre Ame, que celle qui est la plus commune, ie ne croy pas aussi qu'il soit iamais necessaire que ie m'exerce sur cette matiere.

Ie ne veux pas m'arrester non plus à examiner la difference qui peut estre entre l'Ame & l'Entendement, encore moins à pointiller sur cette celebre distinction de l'intellect agent, & de l'intellect patient. Vous en trouuerez de gros traittez composez par d'autres, & ne deuez pas attendre de moy, que i'explique des differences que ic n'ay iamais entenduës. Pour ce qui est de la distinction de l'Entendement practique, & de l'Entendement speculatif, ou de celle que l'on a mise entre l'Entendement & la Raison, ie n'y dois pas insister non plus, puis-que tout ce qui s'en peut dire, a desia esté dit par d'autres, & que quasi tout le monde est d'accord, que la difference n'estant pas réelle, ce ne peut estre au fonds qu'vne mesme chose.

Le principal but de ce Chapitre, est de montrer, autant qu'il est necessaire, que l'Entendement est tout vne autre faculté que cette Imagination que nous auons expliquée cy-dessus. Si elles n'estoient differentes, il faudroit que l'Entendement se rencontrast en tous les Animaux qui ont l'Imaginatiue : cependant, cela est si esloigné de toute apparence de verité, que ceux-là mesmes d'entre les Philosophes qui se sont le plus interessez à defendre la Raison des Bestes, n'ont pas laissé de nier en termes exprés, qu'elles eussent vn

Entendement. J'ay monstré ailleurs, que l'Entendement est la difference qui distingue les hommes d'auec les autres Animaux : ce qui estant, il est necessaire qu'il soit réellement different d'auec toutes les facultez qui nous sont communes auec les autres Animaux. D'ailleurs, puis-que l'Entendement est vne difference specifique, ce ne peut pas estre vne difference de degrez seulement : parce que les degrez, & ce que l'on appelle le plus & le moins, ne varient point l'Espece, & ne la font point differer.

Il ne faut point s'arrester icy à l'opinion de quelques-vns, qui demeurans d'accord que nostre Entendement differe réellement de la phantaisie des Bestes, nient cependant qu'il differe également de nostre phantaisie, estimans que nostre faculté superieure contient les autres par eminence: & que selon les diuers actes qu'elle fait, elle est diuersement appellée du nom d'Entendement, & de celuy d'Imagination.

Cette opinion a quelque chose d'incompatible, en ce qu'elle distingue réellement l'Entendement d'auec la phantaisie des

Bestes, & neantmoins, ne le distingue pas d'auec nostre phantaisie : car puis-que la phantaisie nous est commune auec les Bestes, que c'est ce que nous auons de commun, & ce en quoy nous conuenons, l'Entendement ne peut differer de celle des Bestes, qu'il ne differe en mesme façon de la nostre. Ce n'est pas seulement par éminence, comme parle l'Eschole, que nous auons l'Imagination & les autres sens internes ; nous les auons de la mesme sorte, que nous auons les sens externes, & nostre phantaisie ne differe non plus de celle des Bestes, que nostre veuë & nostre attouchement different des leurs. D'ailleurs, l'Imaginatiue est en nous vne certaine partie de nostre cerueau, laquelle reçoit & discerne les Images : du moins c'est vne faculté materielle, qui dépend essenciellement de son organe ; par consequent, elle differe réellement d'auec l'Entendement, que nous supposons, auec l'opinion commune, estre vne faculté spirituelle & independante en son estre, de tout organe corporel.

Ie ne sçay si ie dois adjouster icy, qu'il y a mesme difference entre les facultez, qu'entre leurs objets formels, & que l'objet de l'vne estant purement sensible & materiel, & l'autre intelligible & spirituel, la difference de ces deux facultez doit estre réelle : Mais ie sçay bien que l'on peut tirer vn argument inuincible en faueur de cette distinction, de ce qu'en certains hommes l'Imagination se trouue gastée, sans que l'Entendement soit incommodé : ce qui seroit impossible, s'il n'y auoit entre ces deux facultez autre distinction, que celle que forgent les Philosophes par leurs speculations. Par apres, il est impossible qu'vne mesme faculté puisse en mesme temps, & en mesme moment, faire deux iugemens contraires d'vn mesme objet : Cela se pourroit bien faire par interualles, & en diuers temps : Mais cette contrarieté de deux iugemens qui se font en mesme temps, suppose necessairement vne diuersité réelle de facultez. Par exemple, en mesme temps que mon Imagination ne iuge de la grandeur du Soleil, que conformément à ce que ma veuë luy en represente ; ma raison iuge tout le contraire de ce que luy rapporte mon Imagination, & de ce qu'en peuuent connoistre toutes mes facultez materielles, qui n'en peuuent rien sçauoir, que ce qui en est representé par les Especes visuëlles. Au mesme temps que ie me suis imaginé, estant sur l'eau, que le riuage se remüoit, mon Entendement concluoit tout le contraire. Durant le vertige & durant les songes, nostre phantaisie s'imagine que tout tourne à l'entour de nous, & se figure d'autres choses plus absurdes. Mais nostre Entendement dispute à l'encontre, & conuainc de faux tous les rapports qu'elle luy fait.

Quelquesfois il ne conclut rien ni pour, ni contre le rapport des sens : il se sert des priuileges de sa nature spirituëlle, c'est à dire, de sa liberté, & de son independance, pour suspendre son iugement, & s'en reseruer l'indifference, iusques à ce qu'il ait mieux reconnu les choses : Comme lors que nous voyons des clochers de loin, qui paroissent ronds à nos facultez sensuëlles, nostre Raison n'asseure rien ; mais elle demeure dans vne suspension, qui sert autant à monstrer sa nature & sa difference, comme fait la contrarieté de ses iugemens.

Ce n'est pas seulement dans les connoissances de ces facultez, qu'il se rencontre de la contrarieté : c'est aussi dans leurs inclinations. Nostre Imagination aura vne tres-forte auersion pour vn objet, iusques à faire tous ses efforts pour s'en esloigner, que neantmoins nostre Raison la forcera de s'en approcher : Tesmoin vne Histoire fort celebre d'vn homme, qui apres la morsure d'vn chien enragé, vainquit par raisonnement l'auersion qu'il auoit pour toute sorte de breuuage, & força l'horreur que la veuë de l'eau donnoit à sa phantaisie. Il s'en est veu d'autres affligez de mesme mal, qui ont demandé d'estre liez, & qui ont prié leurs amis de ne se point approcher : parce, disoient-ils, que nous ne sçaurions nous empescher de vous mordre. Nous auons d'autres exemples plus communs, & plus ordinaires de personnes en colere, qui ont commandé à des Valets de s'esloigner d'eux, dautant que leur Raison auoit trop de peine à retenir leur Imagination eschauffée, qui les portoit à frapper. Certains hommes viuement attaquez de l'amour qu'ils portoient à des filles trop faciles, les ont priées de ne se point trouuer seules auec eux. D'autresfois se trouuant sur le poinct de contenter leur passion, les ont quittées, apprehendant que leur Raison ne se relaschast, & que malgré les retenuës, elle ne s'abandonnast à l'inclination des facultez sensuëlles.

Ne vous figurez pas que l'Imagination seule fust capable de cette contrainte, ni qu'elle se peust retenir de se porter vers vn objet qu'elle conçoit, comme son plus grand & son plus souuerain bien. La volonté qui est de toute autre nature, ne sçauroit resister au souuerain bien, ni l'Entendement à vne verité tres-éuidente. Par là, on pourroit aussi refuter l'extrauagance de ceux qui croyent, que l'Ame raisonnable n'est rien autre chose que les Esprits, qui s'émeuuent dans la colere & dans l'amour, & que ce sont eux-mesmes qui s'opposent à leurs émotions. Mais cette erreur peut estre refutée par tant d'autres raisons, qu'il n'est pas necessaire de se seruir de celle-cy. Aussi bien n'ay-ie pas entrepris de parler de la nature de l'Ame ; ie voudrois seulement acheuer de monstrer les différentes inclinations de nos facultez, par le combat qui s'y forme à la rencontre de quelque nouueauté. Mais comme ie préuois que le discours en sera long, ie ie veux referuer pour le Chapitre fuiuant.

De l'inclination aux nouueautez, & de quelle façon elle procede.

Chapitre II.

I'A y leu diuers Autheurs, qui ayant deſſein d'expliquer les facultez de l'Ame, comparoient le cerueau à vn Palais de Iuſtice, où l'Entendement eſt le Iuge, la Memoire y eſt le Greffier, l'Imagination y fait tout le bruit, par vne inclination qu'elle a pour le deſordre & pour les nouueautez; d'où vient qu'elle reſſemble aux Aduocats & Procureurs.

Il vaudroit mieux dire, qu'elle leur reſſemble, en ce qu'elle expoſe le faict, ſur lequel l'Entendement prononce ſes jugemens. Et comme la premiere inſtitution des Aduocats n'a pas eſté pour faire le deſordre du Palais, qui n'y a eſté introduit que par la corruption de quelques vns; De meſme, ce ne fut iamais l'intention de la

Nature, qu'vne des facultez de nostre Esprit y fist la confusion. Tant s'en faut que la phantaisie se porte au desordre & aux nouueautez, qu'elle en est ennemie, & qu'elle y resiste tant qu'elle est bonne, & qu'elle conserue son estat naturel. Elle ne s'y rend qu'apres diuers combats, si ce n'est qu'elle soit foible, ou qu'elle soit malade. Il y auroit bien plus de lieu d'accuser l'Entendement d'aimer les nouueautez, parce qu'il aime à les connoistre: mais il ne les aime pour les approuuer, qu'entant qu'il connoist qu'elles sont raisonnables, si ce n'est qu'il y soit engagé par les causes que nous déduirons cy-apres.

Cela est bien-clair pour ce qui regarde l'Imagination : car les Bestes qui l'ont plus forte que nous, & qui ne sont conduites par aucune autre faculté, sont ennemies de toutes sortes de nouueautez. Elles agissent tousiours de mesme façon. Tout ce qui est nouueau les irrite & les effarouche. De là vient, que ceux qui en gouuernent, dont les irritations sont dangereuses, ne changent iamais d'habits. Parmi les hommes on ne voit rien d'extraordinaire, qui ne choque l'Imagination. La façon de s'habiller des Espagnols, est du moins aussi raisonnable que la nostre : Neantmoins, le commun peuple de France, qui n'est pas accoustumé de voir des Espagnols, & qui se gouuerne plus par imagination que par Raison, trouue qu'ils sont laids & déguisez par leurs habits, quelque bonne mine qu'ils puissent auoir. I'ay remarqué que ceux d'entre les François qui ont l'Imagination meilleure & plus forte, ont aussi plus de peine à s'accommoder aux changemens, que les modes introduisent en ce Royaume, quoy qu'ils sçachent par raison, que ces choses leur doiuent estre indifferentes : & il y a d'ordinaire quelque chose à redire à l'Imagination de ceux qui se piquent tant de modes & de nouueautez. Cependant, quelque inclination qu'ils y ayent, ils ne sçauroient changer de forme de chapeaux, ou de collets, que leur phantaisie n'y forme quelque petite opposition à la premiere fois qu'ils se regardent au miroir. Nostre Imagination est importunée de tout ce qui n'est pas ordinaire, comme de ne voir pas vn lict que nous auions accoustumé de voir en vne chambre, quoy que bien-souuent nous sçachions par raison, qu'elle en est plus belle. De mesmes, nous sommes choquez de voir vn homme sans collet & sans manchettes, encore plus de le voir sans barbe, lors qu'il a passé l'âge d'en auoir. Vne femme barbuë nous fait horreur, & sa veuë nous importune la phantaisie, à cause qu'elle ne luy est pas ordinaire.

Il n'y a que l'admiration qui puisse faire aimer la nouueauté. Or est-il que c'est vn pur effet de la Raison, & que l'Imagination n'en est point capable. Il n'y a que l'Entendement qui ait l'inclination de connoistre toutes choses. Ce n'est pas qu'il les approuue toutes: mais c'est qu'il veut comprendre la cause de tous les effets qui luy paroissent, & qu'il se plaist en cette recherche. Nous pouuons icy remarquer vne grande difference entre les hommes & les Bestes, entre l'Entendement & la Phantaisie: car si vne Beste apperçoit vn objet qui luy soit fort nouueau, elle s'en épouuante, & s'enfuit, comme firent les Cheuaux des Romains, à la veuë des Elephans de Pyrrhus. Les hommes en sont, sans comparaison, moins surpris. Cependant, comme l'Imagination leur est vne faculté commune auec les Beftes ; ils s'eftonnent de la veuë d'vn épouuantail, deuant que de sçauoir s'il y a raison de s'en eftonner. Mais deflors que l'Entendement a le temps de se reconnoiftre & d'agir, il retient l'Imagination, & l'empefche de fuir, iufques à ce qu'il ait reconnu s'il y a raifon de le faire. Dés qu'il a vaincu la premiere refiftance de la phantaifie, il la pouffe vers cét objet épouuantable. Nous remarquons en cette action vn combat entre ces deux facultez, & que la plus forte l'emporte : car l'Imagination s'en écarte tant qu'elle peut, & lors qu'elle eft la maiftreffe, elle ne s'en approche iamais, comme nous le voyons aux Cheuaux, & nous l'obferuons en nous-mefmes. Mais noftre Raifon qui a pour inftinct le defir de tout sçauoir, y meine l'Imagination à force de coups d'efperons, & luy dit, allons voir ce que c'eft. Elle y va effectiuement, si ce n'eft lors que l'Imagination eft si effarouchée, qu'il foit impoffible de la faire auancer.

Encore que nous foyons entourez de garde-corps, & que nous n'ayons aucune raifon de craindre, nous ne pouuons regarder du haut d'vn clocher en bas, fans que noftre

noftre Imagination s'effraye. Noftre Entendement ne laiffe pas de regarder les precipices auec plaifir, & d'arrefter l'Imagination fur cette veuë, qui ne l'eftonne, qu'à caufe qu'elle eft extraordinaire. En effet, dés qu'elle y eft accouftumée, elle regarde les precipices fans frayeur & fans vertige. Il en eft de mefme de toutes les autres noüueautez, dés que l'Entendement a vaincu les efforts que fait la Phantaifie pour s'en diftraire: elle s'y plaift, elle trouue toutes les nouueautez agreables, dés auffi-toft qu'elles ne luy font plus nouuelles. Il ne faut que vaincre la premiere rebellion de cette faculté, & l'attacher pour quelque temps à l'objet de fon auerfion: car alors cette auerfion fe perd, & la faculté perd fon premier ply, pour en prendre vn autre tout conforme au nouuel objet qu'elle venoit d'abhorrer. C'eft de cette forte que de laides femmes fe font fait aimer, à force d'eftre veuës de ceux à qui leur vifage auoit fait horreur.

Il nous arriue fouuent, qu'apres que noftre Entendement s'eft pleû à reconnoiftre vn nouuel objet, & qu'il ne l'a pas pluftoft reconnu, qu'il le trouue defagreable, &

S

s'en veut esloigner, nostre Phantaisie s'y oppose, & fait autant de difficulté de se défaire de cette nouuelle Espece, qu'elle en auoit fait de la receuoir. Sans doute, qu'il s'est rencontré beaucoup d'hommes, qui eurent grande peine à se resoudre de porter de grands collets, lors que la mode en fut introduitte en France. Ces mesmes hommes eurent en suite également de la peine à reprendre leurs petits collets, lors qu'vne autre mode les obligea de le faire. Neantmoins, ils n'en eurent pas porté huit iours, qu'ils eussent mieux aimé ne sortir point de la chambre, que de paroistre en public auec vn de ces grands collets, dont la semaine d'auparauant ils se trouuoient estre fort bien parez. En tout cela, il n'y a point de raison, c'est vn pur effet de la coustume & du pouuoir qu'elle a sur l'Imagination.

Elle en a beaucoup moins sur l'Entendement. Neantmoins, à force qu'il s'attache sur vn objet, il s'y accoustume si bien, que s'il ne luy donne son approbation, il relasche beaucoup de son auersion. De là vient, qu'à force de frequenter vn homme vicieux, nous aimons enfin sa personne, &

nous excusons ses defauts. Il me souuient bien, qu'au commencement que ie leus l'Histoire Romaine, ie me sentis fort choqué de voir que quelques vagabonds, & quelques esclaues desbauchez, eussent entrepris sur la liberté de leurs voisins, & sur la pudicité de leurs voisines: & hors la curiosité d'apprendre vne Histoire, qui fait vne partie considerable de la science d'vn honneste homme, ie n'eusse pû me resoudre d'en continuër la lecture. Cependant, à mesure que ie la continuois, & que ie me rendois l'idée des Romains plus familiere, ie sentois diminuër mon auersion. Ce n'est pas que ie ne reconnusse que les Volsques & les Sabins auoient de justes sujets de leur faire la guerre: que c'estoit justement que les Gaulois demandoient raison du droit des gens, violé en leur endroit par les Fabies: Neantmoins, ie sentois quelque satisfaction de voir, que les succés en eussent esté heureux pour les Romains, & ie m'interessois en leurs disgraces, toutes les fois qu'il leur en arriuoit. Apres cela, il me faschoit que Pyrrhus & les Carthaginois leur vinssent disputer la possession de l'Italie. Enfin, ie fauorisay si fort les

S ij

armes Romaines, qu'il me tardoit que toutes les autres Nations n'en fussent venuës subir le joug. Ie ne pouuois digerer les attentats de Marius, de Sylla, & des deux premiers Cesars, ni souffrir qu'ils vengeassent sur les illustres familles de Rome, les desolatiõs qu'elles auoient faites autrefois de tant de belles Prouinces; Cependant, encore que les successeurs de leur tyrannie eussent tous leurs vices, & n'eussent pas toutes leurs vertus, ie les supportois plus facilement. C'est, comme i'ay dit, que toutes les nouueautez sont difficiles à supporter: mais dés qu'elles ont acquis quelque prescription, nous ne pouuons souffrir qu'on les change pour d'autres, qui sont encore plus nouuelles.

Il faut aussi remarquer, qu'il y a quelques autres moyens qui aident à la coustume, à faire plus facilement receuoir vne nouueauté. Le premier est d'accompagner vne Espece desagreable de quelqu'autre qui soit fort agreable. Celle-cy tempere & corrige par quelque sorte de contrarieté, ce que nostre Imagination trouue en l'autre de choquant & de fascheux. Quand nous voulons faire sçauoir vne mauuaise nouuelle à quelqu'vn, nous y employons, auec raison, quelque personne pour qui l'autre ait du respect. La presence de cette personne venerable adoucit la tristesse, & tempere le déplaisir qui reuient de cette nouuelle. I'ay connu vn homme, qui auoit telle horreur pour les mousches, & pour les grands cheueux, qu'il ne pouuoit s'empescher de dire que cela sentoit le bordel, & la potence. Cette auersion luy dura iusques à ce que ses Enfans fussent en âge d'en porter : car il trouua lors que c'estoient des ornemens fort innocens. Nous trouuons que tout sied bien à vne personne que nous aimons : ses vices nous semblent auoir quelque chose d'agreable. Nous excusons l'ambition des premiers Romains, & leur desir insatiable de rauir le bien d'autruy, pour l'acquerir à leur Republique : parce qu'auec cette cruelle ambition, nous trouuons des exemples de grandeur de courage, & d'vne constance inuincible dans les aduersitez. Si Marius, Sylla & Auguste n'eussent eu de grandes vertus, la memoire de leur cruauté nous seroit beaucoup plus odieuse. Peut-estre que Iules n'estoit pas moins cruel que les autres. Il en donna des preuues en Gaule contre vn Peuple qui n'eſtoit criminel, qu'à cauſe qu'eſtant né libre, il vouloit mourir en liberté: Outre que ie ne ſçaurois croire qu'il y euſt grande bonté de naturel en vn homme, qui ſacrifioit à ſon ambition, des millions de perſonnes innocentes en France, en Angleterre, & ailleurs, ſans parler des guerres ciuiles, s'il en faut croire Curion, qui auoit, plus qu'homme du monde, penetré le fond de ſes conſeils: il auoit l'inclination cruelle, & ne ſe ſeruoit de la clemence, que par maxime d'Eſtat, & comme d'vn inſtrument de ſa tyrannie. Si elle ne luy euſt pas reüſſi, il euſt fait, à ce qu'il dit, vn grand carnage. Ceſar luy-meſme allant en Eſpagne, aſſeura Ciceron, que ſi ſes conſeils ne luy ſeruoient, il en prendroit d'autres, & qu'il n'y auoit rien où il ne s'abandonnaſt, pour paruenir à ſon but. Apres tout, ce n'eſt pas eſtre clement, que de laiſſer viure des gens, ſur leſquels il n'auoit aucun droit, non pas meſme celuy d'vne iuſte guerre. S'il nous faut chercher des exemples de clemence, cherchons-en pluſtoſt parmi tant de Roys legitimes, qui ont pardonné à la rebellion de leurs ſujets.

Il auoit encore d'autres vices honteux, que ses Panegyristes n'ont pû dissimuler, quelque dessein qu'ils en eussent. Il publioit luy-mesme son injustice, & disoit ordinairement, qu'il n'y auoit rien de si juste, qui deust estre inuiolable à l'ambition de regner. Neantmoins, comme tout cela estoit meslé de plusieurs excellentes vertus, nous ne voyons ses crimes qu'au trauers des belles Idées, que nous donnent ses actions merueilleuses, qui nous le font paroistre tres-grand, malgré l'horreur que nous conceuons de ses vices.

Il y a des dispositions d'Esprit, qui nous fournissent vn autre moyen, qui facilite la reception des nouueautez, & des autres Images desagreables. De ces dispositions les vnes sont naturelles, comme est cette foiblesse d'Imagination, qui vient d'vne trop grande humidité. Car comme i'ay dit, que les fortes Imaginations y resistent vigoureusement, les foibles s'y conforment sans resistence. Il faut que les préjugez soient bien forts & bien enracinez, lors qu'ils font opiniastrer cette sorte d'Imaginations. Autrement, elles se rendent tousjours à celuy qui a parlé le dernier. Elles sont lasches, elles sont legeres, elles sont flottantes, & sont esclaues de toutes sortes d'objets. Il y en a de si foibles, que tout ce qui se remuë au dehors, y fait le vertige. Il y en a de si credules, qu'elles croyent elles-mesmes vn mensonge, apres l'auoir dit trois ou quatre fois. I'en sçay qui se conforment si facilement à tout ce qu'elles voyent, que si on leur monstroit maintenant vn possedé, elles apprehenderoient dés aujourd'huy de le deuenir, & demain elles croiroient l'estre effectiuement. Il y a du peril à les mener dans vn Hospital de foux : parce qu'elles y prendroient vne teinture bien dangereuse.

Il y a d'autres dispositions qui ne sont pas naturelles, qui ne laissent pas d'aider la reception d'vne nouueauté, comme sont celles qu'apporte la joye. Tout plaist à vn homme ioyeux. Il est susceptible de toute sorte d'impressions, & capable de se laisser surprendre à toutes sortes de raisons & de personnes. Ouide le sçauoit bien, puis qu'il en donne l'aduertissement en son art d'aimer.

Mens erit apta capi tunc, cum latißima rerum

Vt seges in pingui luxuriabit humo:
Tunc cum tristis erat, defensa est Ilio
 armis,
Militibus grauidum læta recepit equum.

La raison de cela est, que les Esprits qui portent les Especes à la Phantaisie, retiennent de la nature des humeurs dont ils sont composez, & de celle qui prédomine. Du moins, les vapeurs qui s'esleuent de l'humeur qui prédomine, se meslent parmi les Esprits. D'où vient que les Esprits ne peuuent, durant la colere, porter d'Images dans la Phantaisie, sa is y faire sentir l'acrimonie des vapeurs de la bile, ce qui irrite l'Imagination contre toute sorte d'objets, à moins qu'ils soient si agreables, que de temperer par leur douceur, les mauuaises qualitez de nostre humeur. Au contraire, dans la ioye nous souffrons plus facilement des injures, qu'en autre temps nous ne supportons des loüanges. Nous appellons cela estre en bonne humeur, & en bonne trempe: parce que le sang qui est la meilleure de toutes les humeurs, domine en ce temps-là, & tempere ce qu'il y a de fascheux aux

Idées qui nous font prefentées. A quoy on pourroit adjoufter, que la joye dilatant, par l'abondance des Efprits, l'organe de l'Imagination, la rend plus fufceptible de tout, au lieu que la trifteffe la referre. Ie parleray peut-eftre encore ailleurs de cette matiere: c'eft pourquoy ie finis ce Chapitre, où ie me fuis donné beaucoup de liberté pour les digreffions, à deffein d'y délaffer l'efprit du Lecteur, deuant que de l'engager à la difcuffion de quelques difficultez plus épineufes.

Du temperament que l'on attribuë à l'Entendement.

Chapitre III.

CE ne peut pas eftre la froideur, qui fait les actions de l'Entendement: parce que le peu qu'il y en peut auoir en la compofition de noftre temperament, ne peut feruir, tout au plus, qu'à y rabbatre le trop grand excés de chaleur. Elle eft en noſtre cerueau dans vn degré ſi bas, & ſi fort au deſſous de la chaleur, que n'y eſtant pas ſenſible, ſon effet ne peut pas l'eſtre non plus, eſtant neceſſaire que l'action ſoit proportionnée au degré, & à l'actiuité de la cauſe.

Il n'y a pas auſſi d'apparence, que la chaleur & l'humidité puiſſent faire le temperament que nous cherchons; parce que ce ſont les qualitez de l'Imagination, qui eſt vne faculté réellement differente, & dont les actions ne s'accordent pas bien auec celles de noſtre Raiſon. La chaleur eſt tr p actiue, l'humidité n'eſt pas capable d'aucune retenuë: Ainſi ni l'vne, ni l'autre ne ſçauroient ſeruir aux actions de l'Entendement, comme ie le prouuerois plus au long, ſi cela pouuoit eſtre conteſté.

Il ne nous reſte donc que la ſeichereſſe, qui eſt, ſelon l'Examinateur des Eſprits, la qualité qui fait les bons Entendemens, & toutes les actions de la Raiſon. Mais il deuoit auoir leu dans Ariſtote, que la ſeichereſſe eſt vne qualité purement paſſiue, qui n'a ni action ni actiuité. Or eſt-il, qu'vne qualité qui n'agit point, ne peut pas faire les actions de l'Entendement, ni ſeulement y contribuër. Ie veux qu'elle ne soit pas purement passiue, comme de vray elle ne l'est pas. Cependant, elle est si peu agissante, que ceux-là sont fort excusables, qui disent qu'elle ne l'est point du tout. D'ailleurs, puisque dans les corps les plus secs, où elle possede tous les degrez de son estre & de son actiuité, elle agit auec tant de lenteur & de foiblesse ; que pourroit-elle faire dans vn sujet si humide, comme est le cerueau, & où l'humidité preuaut si fort au dessus de la seicheresse?

Apres cela, puisque selon l'ordre de la Nature, l'Entendement doit estre la maistresse faculté, il doit gouuerner & maistriser l'Imaginatiue. Mais comment le pourra-t'il faire, si la qualité par laquelle on veut qu'il agisse, est si fort au dessous de celles de la Phantaisie? En suitte, ie vous prie de considerer, que l'Entendement agit sur l'Imagination en deux sortes : c'est à dire, en excitant ses mouuemens, ou en les arrestant. Cette retenuë se doit faire auec beaucoup de promptitude; autrement elle seroit inutile, à cause que l'Imagination va fort viste, lors qu'on la laisse faire. Cette autre action, qui est d'exciter les qualitez de l'Imagination, ne conuient non plus à la seicheresse, puis qu'outre sa tardiueté naturelle, il n'est pas imaginable que la seicheresse fasse agir l'humidité. Ioint que deux actions contraires, comme celles d'exciter & de retenir, ne se peuuent pas faire par vne seule & mesme qualité elementaire : & ie ne croy pas qu'vn Naturaliste le puisse facilement conceuoir. Apres tout, puis-que les Galenistes sont les seuls aduersaires que nous ayons en ce different ; il les faut faire souuenir, que lors qu'ils parlent des Epilepsies & des Syncopes, ils disent que des mouuemens si subits, ne peuuent estre des alterations, ni des effets d'aucune qualité elementaire : Et maintenant ils nous voudroient persuader, que les mouuemens de l'esprit procedent de ces qualitez, & encore de celles qui sont les moins agissantes. A les en croire, toutes les reflexions de nostre Entendement, & ses plus hautes cōnoissances, ne seroient que des effets d'vn peu de seicheresse, & de quelque meslange d'Elements, qui sont de leur nature inuisibles. C'est à quoy ie ne m'arreste point : parce que cette extrauagance a doctement esté refutée par d'autres. Ie veux seulement conclure, que s'il faut attribuër quelque qualité elementaire à l'Entendement, afin de contenter le caprice de nos aduersaires, il en faut necessairement songer vne qui ne soit point en la Nature. Mais, dit l'Examinateur des Esprits, Heraclite a dit quelque chose en faueur de la seicheresse:& on peut prouuer par beaucoup d'autres authoritez, que l'humidité superfluë préjudicie aux actions de l'Entendemét; d'où l'on doit inferer, par la loy des contraires, que la seicheresse y sert. Platon enseigne, que l'Ame qui est tres-sage de sa nature, noye sa prudence dans l'humidité de l'Enfance, ne la pouuant faire paroistre, que lors que le corps est desseiché. Aristote veut, que les fourmis & les abeilles, doiuent leur prudence à la froideur & à la seicheresse de leur temperament; & qu'à cause de cela les melancholiques soient plus propres aux sciences. Le Prophete Esaye dit, que l'affliction donne de l'entendement: parce, dit Huart, qu'elle desseiche. De là vient, que les hommes sont plus capables de belles productions en aduersité, que durant la ioye:& que les pourceaux sont stupides à cause de leur humidité.

Auparauant que de respondre en particulier à toutes ces choses, ie veux supposer qu'encore que l'Ame ne se serue point du temperament pour ses fonctions spirituëlles, elle ne forme, neantmoins, d'ordinaire ses iugemens, que conformément au rapport qui luy est fait par l'Imagination, qui est vne faculté materielle, & qui varie selon la diuersité du temperament. Ainsi, non seulement le trop d'humidité, mais aussi le trop de seicheresse, & generalement toutes les intemperies, nuisent par accident aux actions de l'Entendement, sans que, toutefois, la faculté en patisse, comme nous le monstrerons cy-aprés. Et c'est tout ce que l'on peut inferer de l'authorité d'Heraclite : car comme il tenoit que l'Ame est tres-incorporelle, pour me seruir du terme d'Aristote, qui rapporte son opinion : il n'y a point d'apparence qu'il fist dépendre la plus noble de ses facultez, d'vne qualité corporelle, comme est la seicheresse. Mais, comme au mesme endroit il nous est parlé d'vne exhalaison, laquelle ne peut estre autre, que l'Esprit animal, qui est souuent obscurci par les vapeurs humides, il se peut faire que c'est cét Esprit dont Heraclite a dit, qu'il falloit que la lumiere fust seiche. Encore ne sçauons-nous point qu'il l'ait dit, que par le rapport de Galien, qui nous doit estre suspect en cette matiere. Apres tout, il nous importe peu, de quel sentiment ait esté Heraclite, c'estoit vn melancholique qui auoit le cerueau fort sec, & qui pouuoit bien parler par interest.

Platon a tenu constamment des opinions qui l'exemptent de tout soupçon, d'auoir fauorisé celles d'Huart : & lors qu'il a dit que l'humidité est préjudiciable, il ne parloit que de la Memoire. Ce que l'on cite d'Aristote, est de mesme hors de propos. Il n'a iamais creu, que les fourmis & les abeilles eussent d'Entendement : & lors qu'il recherche la cause de ce que la Melancholie sert aux sciences, il n'en attribuë point la cause à la seicheresse de cette humeur, mais seulement à ses qualitez actiues. C'est aussi hors de propos, qu'Huart rapporte que le Prophete Esaye dit au Chap. 28. selon la version vulgaire, *Vexatio dabit intellectum auditui.* Ie vous prie de voir le texte, & vous verrez qu'il ne s'accorde point auec la glose de l'Examinateur, &

qu'il

qu'il ne touche ni prés ni loin, noftre different.

Il n'eft point vray qu'vn miferable ait les difpofitions d'efprit plus parfaites, & plus propres à produire quelque chofe de bon. Tout ce qu'on peut dire pour excufer l'Examinateur, c'eft qu'vn homme à fon aife, daigne rarement fe fatiguer, & prendre tout ce qu'il faut de peine pour produire quelque chofe de bon; au lieu que la neceffité ne permet pas à l'efprit de l'homme de fe diuertir, l'attachant par force fur vn objet. Au refte, vn Efprit bien-libre & bien-fatisfait, eft plus capable de faire reüffir ce qu'il entreprend, que tout autre.

Ce qu'il adjoufte, pour la fin, de la ftupidité des pourceaux, ne peut, tout au plus, feruir qu'à monftrer le temperament de l'Imagination : parce qu'il eft fort vray qu'ils n'ont point d'entendement.

De l'organe que l'on attribuë à l'Entendement.

Chapitre IV.

Ie suppose, que si l'Entendement a vn organe, il n'en peut auoir d'autre que le cœur, ou le cerueau. Ie n'examine point quelle opinion est la plus probable, parce qu'elles me déplaisent également toutes deux. Premierement, elles ne s'accordent point auec celle que les Escholes enseignent communément, qui est, que l'Entendement est vne faculté inorganique.

Secondement, quand nous recherchons quel est l'organe de l'Entendement, nous en cherchons vn qui luy soit propre & particulier : car puis-que c'est vne faculté differente de toutes les autres, & qui est propre à l'homme, elle doit auoir son organe particulier. Or est-il que le cerueau & le cœur se trouuent également en tous les Animaux : par consequent ils doiuent seruir à vne faculté qui leur soit commune à tous, & n'estre pas l'organe d'vne faculté qui ne se rencontre qu'aux hommes. Non seulement le cerueau se trouue en tous les Animaux parfaits: mais aussi il s'y trouue fait & conformé absolument de la mesme sorte. Il y a tout autant de cauitez & d'éminences dans la teste d'vn chien, que dans celle de l'homme; neantmoins, il n'y a pas tant de facultez: D'où l'on peut conclure, que les facultez qui sont en l'homme, de plus qu'aux bestes, n'y ont point d'organe. Il ne se faut point arrester à quelques legeres differences qui se trouuent en certains Animaux, puis-qu'elles ne se trouuent point en tous, & que d'ailleurs, il se trouue des cerueaux d'hommes, où la difference est plus grande, sans qu'elle les ait empeschez de raisonner.

On respondra à cela, qu'encore que la figure de l'organe ne differe point, il y a vn temperament different, qui fait que ce qui n'estoit qu'organe d'Imagination en vn chien, deuient organe d'Entendement en vn homme. Mais premierement, cette responce m'accorde que l'Entendement n'a point d'organe qui luy soit particulier. Secondement, elle suppose vn fondement qui est refuté par l'experience de ceux qui ont eu le soin d'appliquer la main à la ceruelle des hommes, qui l'auoient découuerte par quelque playe. Ils l'ont trouuée de mesme temperament que celle de diuers Animaux, dont ils auoient ouuert la teste. Or est-il que le toucher qui est juge souuerain des qualitez elementaires, n'y remarquant point de difference, il est bien éuident qu'il n'y en peut auoir. Ioint que nostre Raison, qui iuge des premieres qualitez par les secondes, ne voyant rien de different en ce qui est de la couleur & de la consistence, doit iuger qu'il n'y a point de difference, pour ce qui regarde la chaleur & l'humidité. Adjoustez à cela, que comme il y a vne tres-grande distance de l'Entendement à l'Imagination, il faudroit de mesme, que la difference du temperament fust tres-grande, & tres-connoissable. Au reste, il ne se faut pas arrester à ceux qui voudroient dire, que cette faculté dépend de ce qu'ils appellent l'idiosyncrasie, qui ne se connoist pas par le toucher: Car quoy qu'il en soit, cela n'empescheroit pas que la diuersité du temperament ne fust connoissable, encore que l'on ne peust pas en designer le degré. Outre qu'il est faux, que l'Entendement dépende d'vn degré indiuisible du temperament: d'autant qu'il faudroit que tous les hommes eussent le cerueau également chaud, & humide; & que pour peu qu'il fust eschauffé ou refroidi, il perdist son Entendement, & que l'homme cessast d'estre homme, & de raisonner.

D'ailleurs, est il possible que des Naturalistes connoissent si peu les Elemens & leurs qualitez, que de croire qu'vn peu plus ou moins de terre ou d'air, de froid ou de chaud, soit capable de produire l'Entendement en vn organe : & que la prénoyance de cette faculté, & ses connoissances si releuées, soient des effets d'vn peu de terre & d'eau, qui auroient esté pestries ensemble ? Cependant, nous venons de voir au Chapitre precedent, que les qualitez elementaires, ni leur temperament, n'y seruent de rien.

L'Entendement est, selon la confession de ceux que ie refute, vne faculté. Ainsi, il luy faut vn organe, dont la figure soit particuliere, & il ne luy suffit pas que le temperament en soit different. Si c'estoit vne faculté, comme celle de la nourriture, & toutes les autres de l'Ame vegetatiue, Galien auroit eu raison de la faire dependre des quatre premieres qualitez. Mais puis-qu'elle est organique, elle ne resulte pas du temperament, encore qu'elle requiere qu'il y soit comme vne condition préalable. Il est constant, que si on mettoit dans l'estomach le temperament du foye, sa figure n'empescheroit pas qu'il ne fist du sang, aussi bien que le foye: Mais quand vous mettriez dans l'oreille le temperament de l'œil, elle ne verroit pas pour cela. D'autrepart, l'œil ne laisseroit pas de voir, quand il seroit temperé comme est l'oreille: Du moins, on ne remarque pas que les yeux laissent de voir, pour estre eschauffez ou refroidis. Ce qui monstre que les facultez organiques doiuent presque tout ce qu'elles font à la figure de leur organe, & qu'où il y a vne faculté qui n'a point d'organe particulier, il faut croire qu'elle n'est pas de la nature des autres facultez, & qu'elle est indépendante de la figure des organes, aussi bien que de leur temperament.

Par apres, s'il est vray que le cerueau, en

changeant de temperament, deuienne organe de l'Entendement, il faut, pour la mesme raison, qu'il cesse d'estre l'organe de l'Imagination. Ainsi, l'homme n'aura point d'Imagination, puis-qu'il n'en a ni l'organe, ni le temperament : Neantmoins, nous auons monstré que les hommes ont vne Imagination réellement differente de l'Entendement. Ou bien, si nostre cerueau acquerant les dispositions requises pour l'Entendement, conserue, toutesfois, celles de la phantaisie : voila deux temperamens differens dans vn mesme sujet, ce qui choque le sens commun. Il ne faut pas dire qu'vne partie du cerueau est pour l'Entendement, & que l'autre est reseruée à l'Imaginatiue : car il y a mesme difficulté, veu que n'y ayant aucune parcelle du cerueau de l'homme, qui ne se rencontre semblable dans les Animaux qui n'ont point d'Entendement, soit au regard de la figure, soit au regard du temperament, il s'ensuiuroit que ces Animaux qui n'ont point d'Entendement, auroient vn Entendement, puis-qu'ils ont l'organe, duquel nos Aduersaires font resulter cette faculté. Secondement, il est faux que la diuersité qui se rencontre au temperament des diuerses parties du cerueau, soit assez grande pour fonder cette grande difference qui est entre l'Entendement & la Phantaisie. Pour le troisiesme, puis-que l'Entendement n'agit que sur les Idées que luy represente l'Imagination, il faut qu'il soit, & qu'il exerce ses fonctions au mesme endroit où l'Imaginatiue exerce les siennes. Ainsi, il n'y a point lieu de leur assigner d'organes differens : mais il faut dire, ou que l'Entendement n'a point d'organe, ou qu'il n'en a point d'autre que celuy qui sert à l'Imagination. Or est-il, que si cela est, & quauec cela il soit vray que la Phantaisie & la Raison se contrarient bien-souuent en ce qui est de leurs inclinations & de leurs connoissances, il faudra auouër, qu'vn mesme organe se contrarie à soy-mesme, ce qui est absolument impossible.

D'autres nous disent, qu'encore que le cerueau de l'homme soit temperé & conformé comme celuy des Bestes, qu'il est pourtant plus grand, & qu'ainsi il peut auoir quelque faculté, qui ne soit pas dans les Bestes. Ie respons, qu'il n'est point vray que le cerueau de l'homme soit plus grand, que celuy des Elephás & des Baleines, qui, nonobstant, n'ont point d'Entendement, comme nos Aduersaires le reconnoissent aussi bien que nous. Nous sommes encore en plus forts termes, pour ce qui est du cœur, dautant que beaucoup d'Animaux l'ont plus grand que l'homme. Secondement, il est faux qu'vn organe acquiere, pour estre plus grand, vne faculté differente. L'œil d'vn bœuf est bien plus grand que celuy d'vn pourceau, il ne sert pourtant qu'à voir: la main d'vn Geant est plus grande que celle d'vn Nain, ou d'vn Singe, elle n'a pas pour cela dauantage de facultez. Aussi n'est-ce pas pour y en mettre de nouuelles, que la Nature a donné beaucoup de ceruelle à l'homme : c'est pour d'autres raisons, que vous trouuerez dans les Liures des Medecins. De sorte, que tout bien consideré, il vaut mieux dire, que le cœur, ni le cerueau, ni aucune autre partie du corps qui nous soit connuë, ne seruent point d'organe à l'Entendement. Aussi bien est-ce le seul moyen de se mettre à couuert des raisonnemens, par lesquels la Philosophie prouue fort bien, que les operations intellectuëlles sont indépendantes de tout organe corporel.

L'estat de la question entre les Peripateticiens & les Galenistes, en ce qui est de la dépravation des actions de l'Entendement.

Chapitre V.

GALIEN dit quelque part, qu'il eust voulu demander aux anciens Philosophes, comment il se peut faire que les maladies corporelles gastent & dépravent vne faculté qu'ils ont creu estre spirituëlle & inorganique. Cette difficulté paroist encore si grande au iugement de quelques-vns, & les préoccupe si fort, que quand les raisons des Philosophes seroient encore plus éuidentes qu'elles ne sont, elles ne seroient point d'impression sur leur esprit. I'y veux respondre par les principes de Galien, sans me préualoir de ce qui luy seroit eschappé par mesgarde. Ie n'y veux employer que les maximes les plus vniuerselles & les mieux fondées de son Art. Ie ne me veux pas préualoir non plus de l'authorité des autres Medecins : cela seroit trop facile ; car comme il auoit abandonné sur ce sujet le parti d'Hippocrate, il a aussi esté abandonné de ses plus sçauans interpretes : Ils ont eu pourtant cette complaisance pour Galien, que de n'examiner pas à toute rigueur, ce qu'il en auoit écrit.

Il est constant entre les parties, que les actions des facultez peuuent estre déprauées en deux sortes. La premiere est, lors que la faculté est elle-mesme déprauée. La seconde ne se fait que par la déprauation qui se rencontre en l'objet, ou par quelqu'autre accident estranger. Par exemple, l'Estomach digere mal vne viande, ou à cause qu'il est foible & intemperé, ou bien à cause que la viande est de difficile digestion. L'action propre du foye est de conuertir le chyle en sang ; cette action est incommodée, ou par la foiblesse du foye, & de la faculté qui y reside, ou par le défaut du chyle, qui estant gasté dés l'Estomach, ne sçauroit seruir à faire de bon sang.

La veuë se trompe, ou à cause que les yeux sont malades, ou bien à cause que les

Especes visuëlles sont affoiblies, ou obscurcies, ou teintes de quelque apparence estrangere; ce qui fait que les yeux les plus sains du monde, n'en peuuent pas iuger sainement. De mesmes, sans que la phantaisie soit malade, ses actions demeurent interdittes durant les défaillances du cœur: elle se trompe aussi en ses iugemens, & forme de fausses imaginations, lors qu'il y a quelque défaut aux images qui luy sont fournies par les sens externes.

Il est aussi tres-constant entre nous & nos Aduersaires, qu'vn Entendement sain forme de faux iugemens, lors qu'il iuge sur les faux rapports que luy fait vne Imagination corrompuë. Et comme i'ay remarqué que le défaut de la premiere coction qui se fait en l'Estomach, ne se corrige point en la seconde, qui se fait au foye: De mesmes, lors que les Especes sont déprauées & peruerties dés la premiere receptiō qui s'en fait en la phantaisie, il arriue d'ordinaire de la déprauation à la connoissance de l'Entendement. Et tout de mesme que l'Imagination erre sans estre malade, lors que les objets externes luy sont representez sous de fausses apparences: Ainsi, il est difficile que l'Entendement s'exempte d'erreur, lors que l'Imagination & la Memoire ne luy fourniffent que de faux objets. I'ay auffi remarqué, que l'Imagination deuient interditte, toutes les fois qu'il arriue quelque manquement à la faculté du cœur. De mefmes, toutes les fois que l'Imagination & la Memoire manquent à fournir des Idées à l'Entendement, il demeure fans action; d'autant que c'eft l'ordre de la Nature, que l'action des facultez fuperieures, fuppofe celle des inferieures, qui leur font fubordonnées.

Iufques-là, il n'y a point de difference: parce que nos Aduerfaires conuiennent auec nous, que les actions de l'Entendement peuuent eftre déprauées, fans que l'Entendement foit malade. Toute la difficulté n'eft que de fçauoir, fi outre cette déprauation qui arriue par le défaut de l'objet, & des facultez inferieures, il peut y auoir déprauation de la faculté intellectuëlle. Les Galeniftes l'affirment, au lieu que les Peripateticiens le nient, fe fondant fur beaucoup de raifons, que vous trouuerez dans leurs Liures; & fur ce qu'il n'y a point de folie, qui ne fe puiffe expliquer par les maladies des autres facultez. Ie le monstreray en mon traitté des maladies d'Esprit, que i'auois tousiours creu adjouster à la fin de ce Liure : Mais voyant qu'il est desia fort long, & que l'autre ne peut pas estre fort court, ie prens resolution d'en faire vn Volume separé, & de n'examiner icy que l'objection, que l'Examinateur des Esprits a tirée de Galien. Il se fonde sur ce que l'experience & l'authorité de Galien font voir, à ce qu'il dit, que les actions de l'Entendement se perdent, encore que les actions des facultez inferieures demeurent entieres & sans déprauation. Il adjouste, qu'on ne luy sçauroit respondre, sans se mettre à couuert de l'obscurité de quelques termes de Metaphysique. A la verité, il faut auouër, que si l'Examinateur eust prouué que nostre raison peut estre malade toute seule, il faudroit ou se rendre ridicule, ou se rendre à son opinion : Mais, ie nie que l'on me puisse faire voir vn exemple de maladie dans l'Espece, dont il est question. I'eusse bien voulu qu'Huart en eust rapporté quelques Histoires, sans nous renuoyer à celles qui sont dás Galien, lequel est, comme ie le croy, le seul Autheur qui ait eu la hardieſſe d'en produire. Nous l'examinerons au Chapitre ſuiuant, & ferons voir, que ſi nos Aduerſaires n'ont point d'autre preuue, pour monſtrer que l'Entendement eſt vne faculté organique, ils ſont tres-mal fondez à ſouſtenir cette doctrine.

Examen de l'exemple qu'apporte Galien, pour monſtrer que l'Entendement peut eſtre malade, ſans que l'Imagination le ſoit.

CHAPITRE VI.

GALIEN dit, que Theophile eſtant phrenetique, s'imaginoit qu'il y auoit des Muſiciens au coin de ſa chambre, qui l'importunoient par vn bruit continuël: Il commandoit à toute heure qu'on les chaſſaſt, parce, dit Galien, que ſon Imagination bleſſée, luy repreſentant des Muſiciens, où il n'y en auoit point; ſa raiſon qui s'eſtoit conſeruée entiere, malgré le defordre de la faculté inferieure, concluöit fort bien, qu'il les falloit chaffer, puis-qu'ils eftoient importuns. Il adjoufte, que ce Theophile eftant guery, fe fouuenoit de ce que chacun de fes amis auoit dit, & de tout ce qui s'eftoit paffé durant fon mal.

Il y auoit, dit-il, vn autre phrenetique, qui s'eftant enfermé, fe tenoit à la feneftre auec diuers vaiffeaux entre fes mains, qu'il jettoit à mefure que ceux qui eftoient en la ruë luy commandoient de le faire. Vous voyez par là, dit Galien, qu'il auoit l'Imagination & la Memoire bien-faines, puis-qu'il fe fouuenoit des noms de ces vaiffeaux, & qu'il les difcernoit diftinctement. Vous voyez auffi, qu'il auoit l'Entendement malade, autrement il n'euft pas ietté les meubles par la feneftre. Il adioufte en vn autre endroit, qu'il ietta vn petit garçon par la mefme feneftre, auffi-toft qu'on luy eut dit qu'il le iettaft. Cette particularité eft fi confiderable, que peut-eftre il ne l'euft pas oubliée, au premier endroit où il parle de ce phrenetique, fi elle euft efté veritable: Ioint qu'il n'y a point d'apparence, que ceux qui eftoient en la ruë, & qui
auoient

avoient defia veu que ce fou eftoit en humeur de jetter tout par la feneftre, luy euffent commandé de jetter ce garçon. Cela pourroit bien rendre cette Hiftoire de Galien fufpecte à ceux qui connoiffent le genie du perfonnage, & qui fçauent que lors que les raifons luy manquent, les experiences ne luy manquent iamais. Du moins, on peut inferer, que Galien n'auoit iamais veu d'autre phrenetique, dont il creuft que l'Entendement fuft bleffé, puisqu'en tous les endroits où il parle des maladies de cette faculté, il ne produit que ce feul exemple, au lieu que parlant des maladies de l'Imagination, les exemples luy viennent en foule, & il en eft extrémement liberal.

Au fond, ie luy nie, & à tous fes fectateurs, que ce phrenetique euft l'imagination faine, & la memoire en bon eftat. Mais, dit-il, fon Imagination difcernoit les vaiffeaux, & il fe fouuenoit de leurs noms. Ie refpons, que puis-que Theophile qui eftoit malade en la partie imaginatiue, difcernoit bien tous ceux qu'il voyoit, & fe fouuenoit de leurs difcours, il n'eft pas neceffaire que cét autre qui diftinguoit les ver-

V

res, eust l'Imagination saine. Ie voy tous les iours des hommes qui ont l'Imagination malade, qui ne laissent pas de discerner tout ce qu'ils voyent, & de faire fort bien leurs affaires. Ie dis bien plus, c'est que si ceux qui sont malades d'Imagination, perdent le discernement, il n'y en a point qui ne discernent quelque chose. Ainsi, il faudroit que la phantaisie ne fust iamais malade, & qu'vne faculté organique ne peust estre déprauée, ce qui est ridicule.

Disons plustost, que puis-que le discernement est vne action commune à l'Imaginatiue & à l'Entendement, les fautes de ce discernement ne sont pas fort propres à marquer, laquelle c'est de ces deux facultez qui est incommodée. En suitte, si Galien eust voulu monstrer de bonne sorte, que l'Entendement de ce phrenetique estoit gasté, il le deuoit prouuer par quelque action qui eust esté propre à l'Entendement, comme est le raisonnement : Et pour monstrer, qu'il raisonnoit mal, il deuoit premierement monstrer qu'il raisonnoit, en faisant cette action. Or est-il, qu'elle se pouuoit faire sans raisonnement : car puis-qu'vn chien apporte bien ce qu'on luy dit, fans auoir de raifon, & qu'vn homme ne fe fert pas d'ordinaire de fon raifonnement, pour donner ce qu'on luy demande : il n'y a point de neceffité que ce phrenetique raifonnaft, pour jetter ce qu'on luy demandoit : Il fe peut faire que ce fuft vne pure foibleffe d'Imagination, qui fe laiffoit emporter à ce qu'on luy difoit, fans confulter l'Entendement. Et comme dans certaines Imaginations, tout ce qui tourne au dehors fait le vertige ; De mefmes, il y en a d'autres fi affoiblies, qu'elles fe laiffent déterminer par tout ce qu'on leur dit, & par tout ce qu'elles voyent.

Suppofons, neantmoins, que les actions de ce phrenetique fuffent des conclufions de fon Entendement. De là, il ne s'enfuit pas que cette faculté fuft plus malade, ni qu'elle erraft autrement, que celle de Theophile. Reduifez les raifonnemens de l'vn & de l'autre en forme de fyllogifme, & fuppofez la fauffe Imagination de l'vn, que les Muficiens l'importunoient, & la fauffe Imagination de l'autre, qu'il falloit faire tout ce qu'on luy commandoit; & lors vous verrez que la conclufion du dernier eft auffi raifonnable, & fuit auffi bien des premiffes,

V ij

que celle de Theophile. L'erreur du raisonnement ne vient en l'vn & en l'autre, que de l'erreur de la phantaisie.

Apres cela, ie demande à Galien & à l'Examinateur des Esprits, comment il se peut faire que l'Entendement de ce phrenetique fust gasté, sans que son Imagination le fust? Car puis-que, selon eux, ces deux facultez se penetrent, & n'ont qu'vn mesme organe, l'organe de l'vne ne peut pas estre malade, que celuy de l'autre ne le soit. De mesme, ie leur demande comment il se peut faire, que l'Entendement soit vne faculté organique, & qu'il ait vn mesme organe que la phantaisie, & que neantmoins le raisonnement soit sain & entier en la pluspart de ceux qui ont l'Imagination gastée? On respondra, selon la doctrine d'Huart, que cela vient des intemperies differentes d'vn mesme organe.

Mais outre que i'ay refuté cette doctrine, en monstrant que la seicheresse ne sert point à l'Entendement, il faudroit dire que dans toutes les phrenesies & toutes les manies, l'Entendement deuiendroit plus excellent: parce que le cerueau, qui est son organe, en est desseiché. On respondra encore à cela, que le cerueau ne demande pas tant de feicherefle, que la phrenefie a couftume d'en caufer: A quoy ie repliqueray, que l'Imagination ne demande auffi pas tant de chaleur qu'il s'en rencontre dans la phrenefie: Par confequent, qu'il n'y a point de phrenefie où l'Imagination puiffe eftre faine. D'ailleurs, puis-que la chaleur de la phrenefie eft, fans contredit, plus actiue que n'eft la feicherefle, il s'enfuit que le cerueau eft pluftoft échauffé qu'il n'eft defleiché, & qu'ainfi l'Imagination eft bleffée, deuant que l'Entendement le foit. Apres tout, fi vne trop grande feicherefle nuit à l'Entendement, elle contrarie bien plus à la Memoire, qui a l'humidité pour temperament naturel, felon la doctrine de l'Examen des Efprits: Ainfi, nos Aduerfaires ne doiuent pas croire trouuer iamais phrenetique ni maniaque, en qui la raifon foit deprauée, fans que les autres facultez le foient. Et quand ils voudroient changer de principes, & dire que les facultez du cerueau font logées feparément, mes argumens les embarafferoient également: parce que les intemperies de la phrenefie font fi grandes, qu'elles fe communiquent aux parties les plus esloignées de tout le corps: A plus forte raison se doiuent-elles communiquer à toutes les parties du cerueau.

Autres reflexions generales sur la mesme objection.

CHAPITRE VII.

PVis-que nous voila engagez si auant contre quelques-vns des Maistres de la Medecine, continüons, s'il se peut, de faire voir que leur opinion s'accorde fort mal auec les principes de leur science. Premierement, s'il est vray qu'il n'y ait point de maladie d'Esprit, dont l'on ne puisse rendre suffisamment raison par le seul défaut de la partie imaginatiue, ainsi que d'autres l'ont fait voir, & comme i'espere l'expliquer plus clairement vn iour. Si dis-je, cela est veritable, c'est vne grande extrauagance à vn Medecin, d'en attribuër la cause à l'Entendement, n'y ayant rien de plus condamné par les ordres de la Nature, & par les maximes de la Medecine, que de multiplier les causes sans necessité. D'ailleurs, n'est-il pas vray que si vn Medecin voyoit vn malade qui n'eust ni pouls ni sentiment, il diroit qu'il est en syncope, & non pas qu'il est en apoplexie ? Il en accuseroit la faculté du cœur, & non pas celle du cerueau : parce que la syncope peut bien oster le sentiment, mais la priuation du sentiment ne peut pas faire la syncope : c'est que l'ordre est tellement estably entre nos facultez, que l'action des plus nobles requiert necessairement l'action de celles qui sont plus basses, dautant qu'elle leur sert comme de fondement, au lieu que les plus basses agissent sans les superieures. Puis donc que cela est constant, & que d'ailleurs, il est fort vray que l'on ne sçauroit me faire voir vn fol, qui n'ait de fausses imaginations; il est bien plus juste de rapporter sa folie à la partie imaginatiue, qui est la moins noble; que de la rapporter à la partie raisonnable, qui est la superieure.

Toute folie est vne action déprauée : & s'il est vray qu'en certaines folies l'action de l'Entendement soit déprauée, & qu'elle soit déprauée toute seule : il est vray aussi qu'elle peut estre abolie, & qu'elle peut estre abolie toute seule, & sans que l'action de l'Imagination soit incommodée. Car comme la vie subsiste lors que le pouls se perd, & que le pouls se conserue dans les parties paralytiques ; la phantaisie & la memoire se deuroient conseruer de mesmes, lors que la Raison seroit abolie. Que si cela n'est iamais arriué, & qu'on n'ait iamais veu d'homme absolument sans Raison, lors que les autres facultez subsistoient ; il faut dire que la Raison est vne faculté de tout autre nature que les autres, & que son action ne peut estre blessée, que par quelque vice estranger ; c'est à dire par le defaut de l'objet, ou par les manquemens de l'Imagination & de la Memoire. Nous demandons aux Galenistes, qu'ils nous fassent voir vn homme qui ait l'Imagination & la Memoire aussi saines, que nous les remarquons aux chiens & aux cheuaux ; vn homme qui discerne bien tous les objets externes, & qui se souuiéne, comme feroit vn Perroquet, de ce qu'il a veu, & de ce qu'il a oüi dire, & qui, neantmoins, ne raisonne pas plus qu'vn Perroquet : ie veux dire qui ne raisonne absolument point du tout, & qui ait le raisonnement perdu, l'Imagination subsistant, comme nous voyons quelquesfois le mouuement d'vne main se perdre, encore que le sentiment y subsiste.

Ils me diront, peut-estre, que les Enfans qui ne raisonnent point encore, sont en cét estat-là : mais ie leur nie que la Memoire & l'Imagination de cette sorte d'Enfans, soient disposées comme elles doiuent l'estre pour l'integrité de leurs actions. Premierement, ils n'ont presque point de Memoire, parce que l'organe en est si humide, qu'il ne peut quasi rien retenir : De sorte, que l'Entendement n'ayant point d'objet sur lequel il puisse agir, il ne faut pas s'estonner, s'il demeure sans action. Secondement, l'Imagination y est fort foible & mal asseurée. Ainsi, cét exemple n'est pas dans l'Espece que i'ay posée. D'ailleurs, dés aussi-tost que les Enfans commencent d'auoir de la Memoire, leur Entendement cómence d'agir : & encore que d'abord, il ne se manifeste pas parfaitement, il se produit par quelques actions dont toutes les Bestes du monde ne sont pas capables. Mais deslors qu'il a autant d'Imagination & de Memoire qu'vne Beste, & qu'il se souuient d'aussi long-temps, sa Raison agit pleinement ; ce qui me persuade que ce n'estoit que l'indisposition des facultez inferieures, qui l'empeschoit auparauant de se produire. Ie dis la mesme chose des vieilles personnes, & de celles d'vn âge mediocre, que nous appellons hebetées, en qui si le raisonnement est affoibly, l'Imagination & la Memoire le sont encore dauantage. S'il est donc vray que les actions de l'Entendement ne puissent estre abolies toutes seules, il doit estre également vray qu'elles ne peuuent estre déprauées toutes seules. Or est-il, que des actions qui ne peuuent estre déprauées toutes seules, ne le peuuent estre que par accident. Par consequent, le Raisonnement ne peut estre dépraué que par accident, ainsi la Raison est en elle-mesme incorruptible, & ne dépend ni d'organe, ni de temperament.

I'ay souuent veu des melancholiques, qui auoient vne fausse idée si fixement attachée à leur imagination, qu'ils ne s'en défaisoient iamais. Ie n'ay pourtant point veu de phrenetique, en qui l'on peuſt remarquer quelque reſte de memoire, qui ne raiſonnaſt, & qui n'euſt quelques interualles, pendant leſquels il raiſonnoit bien: & encore qu'il retombaſt incontinét apres dans ſes folies, il reuenoit ſubitement de ſon extrauagance. Ie défie les Galeniſtes de me dire la raiſon de ces changemens ſi ſubits: car ſi l'Entendement auoit vn organe comme ils s'imaginent, & qu'il fuſt ou gaſté en ſa conformation, ou depraué en ſon temperament, il ſeroit impoſſible qu'il ſe remiſt ſi ſubitement. N eſt-il pas vray, ſelon les principes de Galien, que l'epilepſie & la ſyncope ne peuuent venir d'intemperie, & qu'vn changement ſi prompt ne ſe fait point par l'alteration des qualitez?

S'ils me diſent, que ces changemens ne ſe font qu'à meſure que les vapeurs enflamées ſe meſlent, ou ne ſe meſlent pas parmy les Eſprits qui ſeruent à l'Entendement: en ce cas, ils auoüent que cela ne ſe fait que par ſympathie, & qu'il n'y a en l'organe de l'Entendement, ni intemperie, ni mauuaiſe conformation: c'eſt à dire, que l'Entendement n'a point d'organe corporel, n'y en ayant point qui ne ſoit ſujet à l'vne & à l'autre de ces maladies.

Comme il y a peu de difference entre la cholere & la folie, il est des phrenetiques comme de ceux qui sont en cholere, qui reconnoissent bien que leur Imagination échauffée, les porte à dire des choses qu'ils ne deuroient pas dire. Galien dit, qu'estant phrenetique, il reconnut l'estre, & qu'il pria ses amis de luy preparer vn remede qu'il leur designa. Il y en a qui se plaignent de ce qu'ils ne sont pas maistres d'eux-mesmes, & de ce qu'ils ne sçauent ce qu'ils disent. Il y en a d'autres qui s'affligent de se voir reduits en cét estat, & qui prient leurs amis de ne laisser entrer personne, qui fust d'humeur à publier leur folie. Il n'est pas jusques à ceux qui sont enragez, qui ne prient leurs amis de ne se point approcher d'eux, de peur qu'ils ne se sentent forcez de les mordre. A quelque extrauagáce que les vns & les autres soient reduits, ils la combattent en eux-mesmes, tant que la memoire fournit à la raison de quoy combattre, & de quoy reconnoistre que l'Imagination extrauague. Elle assujettit tant qu'elle peut les Esprits, & retient tant qu'elle peut la Phantaisie, laquelle s'eschappe pourtant à la fin, & s'abandonne aux idées qui la troublent & qui l'effarouchent par leur confusion. Quand apres cela il arriue que la memoire se perd, ou qu'vne fausse idée s'arreste si fixement en l'Imagination, qu'elle n'y laisse plus entrer celles de la Memoire; alors l'Entendement ne s'oppose plus, & il ne iuge plus que sur les faux faits que luy expose la Phantaisie. Mais tant qu'il peut auoir de vrais principes, il forme toufiours des conclusions raisonnables: & il n'y a point de maladies qui le fassent extrauaguer, que celles qui empeschent que son objet ne luy soit bien representé: qui est tout ce que i'ay entrepris de defendre contre Huart, qui ne trouuant pas son compte dans les principes de la Philosophie, l'est allé mal-heureusement chercher dans ceux de la Medecine, qui ne luy sont pas plus fauorables.

Response à quelques objections tirées d'Aristote.

Chapitre VIII.

IL ne fait pas touſiours bien ſeur de ſe fier aux citations de l'Examinateur des Eſprits. Il en vſe en diuers endroits auec vn peu trop de liberté: en celuy-cy, il fait parler Ariſtote comme il veut, & luy fait dire, que l'Entendement n'excelle iamais, que lors que la Memoire eſt mauuaiſe; d'où il infere, que puis-que le temperament de la Memoire eſt contraire à celuy de l'Entendement, il faut que cét Entendement dépende d'vn organe, & de ſa temperature. Ariſtote n'a point dit cela; il y a ſeulement dans le Grec, que le plus ſouuent ceux qui ont la Memoire bonne, ſont lents ou tardifs. Il ne dit pas que cela arriue touſiours, & ne parle du tout point de l'Entendement, qui eſt, ſelon ſes principes, au deſſus de la matiere. Il a voulu parler de l'Imagination, dont la viuacité a quelque chose de contraire aux qualitez qu'il attribuë à la Memoire.

On nous objecte aussi, qu'Aristote veut que l'Entendement considere les fantosmes. Qui en doute ? & que fait cela à nostre sujet ? Nous ne doutons pas que l'Entendement ne reçoiue ses objets de la Phantaisie & de la Memoire : Mais nous demandons, si cét Entendement se sert d'organes corporels, pour connoistre les objets que luy presente l'organe de la Phantaisie ? Il est vray, qu'il se sert de l'organe de la Phantaisie, pour receuoir les Images des objets externes, mais non pas pour en iuger. De fait, il iuge de ces objets auec vne si entiere indépendance de tous les organes corporels, qu'il suspend son jugement malgré l'action des sens. Il connoist lors que nous dormons, que les fantosmes de l'Imagination ne sont que des songes & des resueries. I'ay aussi monstré cy-dessus, que dans les fous il connoist que l'Imagination est esgarée. Dans les personnes saines, il fait tous les jours des jugemens contraires à la déposition des sens. Il iuge qu'vne estoille qui leur paroist petite, est plus grande que toute la Terre,

& qu'encore qu'elle leur paroisse immobile auprés du Pole, elle fait en 24. heures, vn plus grand tour que celuy du Soleil. Vne faculté qui seroit materielle, & qui seroit asseruie aux sens & à leurs representations, ne sçauroit en ces occasions se garentir d'erreur. Cette indépendance paroist encore plus grande aux actions de la volonté, puis-qu'elle force les sens, & qu'elle porte tout le corps, & tous les organes corporels, à faire des actions qui sont entierement contraires à toutes leurs inclinations les plus naturelles.

Au reste, il faut rendre ce tesmoignage à l'Examinateur, qu'il ne s'est point seruy de ces authoritez, pour monstrer que l'ame est inseparable des organes corporels. Il estoit trop bon Physicien, pour ne voir pas la nullité de cette consequence; il l'a refutée doctement, comme ie ferois voir, si i'auois entrepris d'écrire de l'immortalité de l'Ame. Il suffira de faire connoistre à certains petits esprits importuns, que bien loin que cette authorité préjudicie à la nature spirituelle de nostre Ame, elle ne peut seulement pas nous faire douter qu'il ne nous reste des connoissances, apres que nous

nous aurons perdu nos organes corporels. Si ie perdois à cette heure l'ouïe ou la veuë, ie ne perdrois pas pourtant la connoissance que i'ay des sons & des couleurs, i'en pourrois raisonner, comme ie fais maintenant. Mais, disent-ils, comment feroit l'Ame pour acquerir de nouuelles connoissances, puis-qu'elle n'auroit plus les organes corporels ? Ie leur respons, qu'ils raisonnent aussi mal, que feroit celuy qui soustiendroit qu'vn homme à qui l'on vient d'abbatre des cataractes, ne sçauroit plus rien discerner, parce qu'il n'a plus ces cataractes, au trauers desquelles il discernoit le iour & les objets les plus visibles ; Ou qu'vn homme qui s'est seruy toute la nuict de la lumiere d'vne chandelle, ne voit plus goutte lors qu'il est iour, parce qu'il ne se sert plus de sa chandelle. De mesmes, ces gens-là s'imaginent que l'Ame ne voit plus goutte, lors qu'elle n'a plus les cataractes qui luy troubloient la veuë de son Entendement, & qu'elle est dans les tenebres : parce qu'elle se voit dans vn grand iour, qui luy rend toutes les lumieres corporelles inutiles.

Vn prisonnier n'apprend rien des affaires de sa maison, que par le rapport de ses amis, & ne voit le iour qu'au trauers d'vne grille. Est-ce à dire, qu'apres qu'il est en liberté, il ne sçache plus rien des affaires de sa maison: parce que personne n'a plus le soin de luy en porter des nouuelles; & qu'il ne voit plus rien, parce qu'il n'a plus cette grille, au trauers de laquelle il voyoit? Nostre Ame est dans le corps, comme dans vne prison, où elle ne sçait rien de ce qui se passe au dehors, que ce qui luy en est rapporté, ou ce qu'elle en peut voir par l'ouuerture de quelque grille. De là, il ne faut pas inferer, que lors qu'elle sera en pleine liberté, elle soit sans connoissance, ni que les organes corporels luy soient encore necessaires pour en acquerir. Apres tout, ie ne comprens pas, comment il se trouue des gens assez hardis, pour se préualoir de quelques passages obscurs d'Aristote, afin de monstrer que l'Entendement est corporel, veu qu'il a enseigné si clairement le contraire.

Mais, disent quelques modernes, ce n'est pas de ces endroits qui sont si clairs & si éuidens, qu'il faut apprendre le vray sentiment d'Aristote. Il ne l'a osé exprimer clairement, de peur qu'il ne luy en prist comme à Socrate, & que les Atheniens ne redoublassent en sa personne, le crime qu'ils auoient desia commis contre la Philosophie. Il est vray qu'Ammonius dit, que dans Athenes on s'esleua contre luy, ce qui l'obligea d'en sortir, & de retourner en Macedoine, où il fut en grand credit: & que Diogene adjouste, qu'il fut accusé d'impieté, par Eurymedon Athenien. Mais ni ces deux Autheurs, ni aucun autre des Anciens, n'ont iamais écrit qu'il eust esté en peine pour aucune opinion qu'il eust de la nature de l'Ame. Il n'est point vray non plus, que Socrate eust esté condamné, pour auoir douté de l'immortalité de l'Ame. Nous apprenons de son Apologie, que ses accusateurs n'en parlerent iamais, & qu'il n'y auoit point de peril d'en douter, puis-que Socrate se defendant, apporte pour vne des raisons du mespris de la mort, l'opinion de ceux qui croyoient qu'il ne restoit rien des hommes apres leur mort, encore que pour luy, il fust dans vn autre sentiment. Il n'y auoit dans Athenes que les Philosophes qui creussent l'immortalité, parce que les raisons naturelles dont on l'appuyoit, ne pouuoient; non plus qu'en ce siecle, estre bien entendües que des Naturalistes. La religion n'y obligeoit personne, & cette doctrine estoit mise au nombre de ces doctrines curieuses, qui rendoient la Philosophie odieuse aux Atheniens : car comme cette opinion n'estoit point née parmy eux, & qu'vn Philosophe l'auoit transportée d'Egypte; elle n'y acquit iamais de credit, & la memoire s'en perdit si bien auec le temps, qu'ils ne furent point si surpris d'ouïr déclamer sainct Paul contre leur Idolatrie, que de luy ouïr parler de la resurrection. Ils se moquoient de luy, & ils l'appellerent en justice à la sollicitation des Epicuriens & Stoïciens. C'est que les Epicuriens contredisoient ouuertement l'immortalité, s'efforçant d'accommoder leur Physique, aussi bien que leur Morale, aux sentimens de la populace. Les Stoïciens auoient enseigné au commencement, que l'Ame suruiuoit au corps; mais comme leur principale estude estoit de persuader le mespris de la mort, & qu'ils voyoient que la crainte d'estre pis apres cette vie, faisoit que l'on apprehendoit de mourir, ils voulurent en suitte faire accroire, que la mort nous reduisoit au mesme estat où nous estions auant que de naistre.

Il auoit donc esté permis à tout le monde d'Athenes, de parler impunément contre l'immortalité: & Aristote auroit esté le seul qui n'en eust pas eu la permission. Mais qui est-ce qui l'en empeschoit, durant tant d'années qu'il fut hors d'Athenes, & en lieu où le credit d'Alexandre le mettoit à couuert du supplice? Peut-il auoir apprehendé la fortune de Socrate, puis-qu'il a escrit toutes les choses dont ce Philosophe auoit esté accusé? Voyez dans Platon tous les chefs de cette accusation, & vous verrez qu'on luy imposoit d'enseigner des doctrines curieuses, de corrompre la ieunesse, en luy enseignant à pointiller, de dire que le Soleil & la Lune, n'estoient pas de veritables diuinitez. Aristote a-t'il laissé pour cela d'écrire des Meteores, de raffiner la Logique, & de soustenir qu'il n'y auoit qu'vn seul premier moteur, fort different du Ciel & des Astres, ausquels il n'attribüoit autre vertu que la lumiere.

Il me semble qu'il auoit le genie trop libre, pour dissimuler ses pensées, sur tout lors qu'elles estoient contraires à celles de Platon. Il auoit assez d'esprit pour deuiner les objections que l'on fait aujourd'huy ; mais il en auoit trop pour s'y arrester. Il aimoit mieux paroistre disciple de Platon en cela, que de paroistre ridicule en le contredisant. Accordons, neantmoins, à nos Aduersaires, que la crainte du chastiment a preualu sur ses inclinations naturelles, & qu'elle l'a empesché d'écrire que l'ame estoit mortelle. Mais ie leur demande, qui l'a obligé d'écrire qu'elle ne l'estoit pas? Les Atheniens luy imposerent-ils cette necessité de mourir, ou d'écrire contre sa conscience ? Ne leur suffisoit-il pas qu'il l'eust fait en vn endroit? Falloit-il que la pluspart de ses Liures eussent des marques de cette lascheté ? N'estoit-ce pas assez qu'il tesmoignast auoir cette opinion? Falloit-il qu'il la fist auoir aux autres, & qu'il prouuast l'immaterialité de l'Entendement auec des raisons, ausquelles nos Aduersaires ne sçauroient respondre ? Vous les trouuerez chez quelques-vns de ceux qui ont escrit de l'immortalité de l'Ame, auec la response à toutes les objections qui se tirent des principes de ce Philosophe.

Ie n'en veux apporter qu'vne, sur laquelle certains Autheurs ont fort insisté. Ils disent, que si Aristote eust eu le sentiment que nous auons, il n'eust pas escrit ailleurs, que le nombre infini est absolument impossible : car si le monde est de toute eternité, comme il a creu, & que les Ames ne meurent point, il faut que le nombre en soit infini. Ie respons que c'est vne grande iniustice, de ne iuger pas des opinions d'Aristote, par ce qu'il en a dit expressément, & d'en iuger par des consequences si esloignées. Pour moy, quand ie veux sçauoir ce qu'il a creu sur quelque matiere, ie ne consulte que les lieux où il en parle, & ie ne m'adresse pas aux lieux où il n'en parle pas. Pour ioindre de plus prés, supposons que l'opinion de l'immortalité de l'Ame, & de l'eternité du monde, sont incompatibles. Tout ce qu'on en peut inferer, c'est qu'Aristote n'a pas creu que le monde fust eternel, dautant qu'il a eu des sentimens de l Ame, qui ruinent l'eternité du monde. Que s'il a escrit en faueur de cette eternité, c'est qu'il craignoit les Atheniens, qui n'auoient point d'autres Dieux, que les Cieux & les Elemens, &

qui n'auoient fait mourir Socrate, que pour auoir esté accusé d'auoir dit, que le Soleil & la Lune, n'estoient pas de veritables diuinitez : qu'il y auoit du danger d'escrire, que ces Dieux auoient vn commencement d'estre & de creation. Quand ie parleray comme cela, ie ne diray peut-estre rien qui vaille, & neantmoins, ie raisonneray mieux que nos Aduersaires. J'adjouste que c'est en ses derniers Liures qu'il a enseigné l'immortalité, & que par là, il s'est retracté de tout ce qu'il auoit auparauant escrit préiudiciable à cette creance : que ce n'est pas seulement sur cette matiere qu'il en a ainsi vsé : que deuant que l'occasion se fust presentée de traitter exactement de la façon que se fait la veuë, il auoit escrit des choses qui contrarioient son sentiment.

Accordons apres cela, qu'Aristote a tenu constamment l'eternité du monde. Il n'est pas necessaire pour cela, qu'il ait creu que le nombre des Ames fust infini. Peut-estre croyoit-il la Metempsycose : Du moins, il ne l'a iamais refutée auec soin, encore qu'il luy ait donné quelques atteintes. Peut-estre a t'il esté en cette erreur, que les Ames separées du corps, n'estoient pas separées entr'elles, & qu'elles ne faisoient point de nombre. Peut-estre a-t'il creu qu'il n'y auoit que les Cieux & les Elemens, qui eussent esté de toute eternité, & qu'il n'a pas eu la mesme opinion des hommes : qu'il n'a tenu cela que des effets necessaires des causes purement naturelles, & non pas des Ames qu'il fait venir de dehors.

Apres tout, supposons que cette immortalité est incompatible auec l'eternité. Tout ce que vous en pouuez inferer, c'est qu'Aristote a enseigné des choses, sans y prendre garde, qu'il est impossible d'accorder : Or dire cela d'Aristote, c'est dire qu'il a esté Philosophe, n'y en ayant point qui ait beaucoup escrit, à qui il ne soit arriué de contredire, directement ou indirectement, en vn lieu, ce qu'il auoit escrit en vn autre : Dire cela d'Aristote, c'est dire qu'il a esté Aristote, & en cela conforme à luy-mesme, luy estant arriué plus d'vne fois d'escrire des choses, que tous ses interpretes n'ont peû accorder. Et sans chercher ailleurs des exemples de cette contrarieté, n'est-il pas vray que quand les Ames seroient mortelles, le nombre en auroit esté infini, si tant est que la generation des Ames soit de toute eternité, & qu'ainsi cette eternité contrarie ce qu'il a escrit ailleurs, touchant l'impossibilité du nombre infini ?

Examen d'vne objection de quelques Modernes.

CHAPITRE IX.

I'A y esté prié par quelques-vns de mes amis, d'éclaircir vne difficulté, à laquelle ie n'eusse point touché : parce qu'elle regarde pluftost la nature de l'Ame, que la façon d'agir de l'Entendement. Cette objection est prise, de ce que l'Ame estant vne substance spirituëlle, quelques-vns ne peuuent comprendre qu'elle puisse estre immediatement vnie à vne substance corporelle. Ils disent qu'il faudroit quelque lien pour les vnir, & que ce lien ne fust ni corps ni esprit, ce qui n'est pas possible.

Mais ces gens-là ne sçauent ce qu'ils disent : car quelques differentes que puissent estre deux substances, elles ne different pas tant, qu'vne substance & vn accident. Les corps & les esprits conuiennent en ce qu'ils sont des substances, au lieu que les accidens ne conuiennent auec les substances, qu'entant qu'ils ne sont pas absolument rien, & n'ont rien de commun auec elles, que le premier & plus mince degré de l'estre. Cependant, ils s'vnissent auec les substances d'vne façon si intime & si immediate, qu'elle ne peut pas l'estre dauantage. Il n'y a point de milieu entre-deux, ni de lien qui fasse l'vnion de deux estres si differens. D'ailleurs, l'vnion de la substance & des accidens qui luy sont naturels, est sans comparaison plus estroite & plus inseparable, que celle de l'ame & du corps.

Quelle responce peut-on apporter à cela, qui ne soit hors de propos ? Il seroit impertinent de dire, que l'vnion de l'Ame & du corps est substantielle, & que l'autre ne l'est pas : car on ne demande pas, si lors que deux substances s'vnissent, elles font vne vnion substantielle. Mais on demande, si la difference qui est entre deux substances, peut empescher que l'vnion n'en soit immediate ? A quoy on respond, que quand cette difference seroit encore plus grande, & qu'elle seroit aussi grande, que celle qui est entre les substances & les accidens; il ne faudroit point de moyen pour les vnir, parce qu'elles s'vniroient immediatement d'elles-mesmes.

Il ne seroit encore point à propos de dire, que le corps & l'esprit s'vnissant, font l'vnité, au lieu que la substance & l'accident, ne font simplement qu'vne vnion: car il n'est icy question que de l'vnion, & de sçauoir si elle est immediate. Il me suffit que celle de la substance & de l'accident, soit de cette nature. Que si outre cela, il y a quelque chose de particulier entre l'ame & le corps, c'est vn auantage pour nostre opinion, lequel sert à monstrer vne plus grande conformité entre l'Ame & le corps, qu'il n'y en a entre l'accident & la substance. Secondement, quelque vnité que puissent faire l'Ame & le corps, ce sont tousiours deux substances, qui retiennent leur estre, leur nature, & leur subsistance partiale; de la mesme façon que la substance & l'accident retiennent leurs differences particulieres. Pour le troisies-

DE L'ESPRIT.

me, l'vnion de la substance & de l'accident, fait aussi bien vnité, que fait celle de l'Ame & du corps, encore qu'elle ne soit pas de mesme genre : car toutes les choses qui se perfectionnent reciproquement en s'vnissant, & dont l'vne sert d'acte à l'autre, qui luy tient lieu de puissance ; ces choses-là, dis-je, font vnité : la forme & la matiere ne sont dittes faire vn corps, que pour ces raisons, qui leur estant communes auec la substance & l'accident, monstrent qu'il n'y a aucune difference, pour ce qui regarde leur vnion. S'il y en a, c'est que l'vnion de la quantité auec la matiere, & de quelques autres accidens, auec la forme substantielle, est plus estroitte, que celle de nostre Ame & de nostre corps.

Ie voudrois bien que ceux qui nient que l'vnion d'vn Esprit & d'vn corps, puisse estre immediate, m'eussent dit que c'est qui les en empesche ; & s'il y a quelque contrarieté positiue, ou quelqu'autre incompatibilité entre ces deux substances ? Quand elles seroient contraires, elles pourroient aussi bien s'vnir, comme les Elemens s'vnissent. Il y a entre les Elemens, non seulement de la difference, mais aussi de la contrarieté: cependant, ils s'vnissent tres-estroitement ; de mesmes que nous voyons que les essences de la Chymie les plus subtiles & les plus spirituëlles, s'attachent aux corps les plus grossiers, & s'y joignent immediatement.

Que peuuent alleguer nos Aduersaires, qui se puisse opposer à l'vnion d'vne forme auec sa matiere ? Est-ce que la matiere y resiste, elle qui n'a ni resistence ni actiuité? Quand elle en auroit, elle les reserueroit pour quelqu'autre occasion, & ne les employeroit pas contre la forme, qui satisfait plus pleinement toutes les inclinations de cette matiere, & qui luy donne la plus grande perfection, qu'elle puisse receuoir. D'autre costé, si vous considerez nostre Ame sous l'idée d'vne forme, à qui Dieu a donné des inclinations pour sa matiere, & des fonctions à exercer, qu'elle ne peut faire hors du corps, vous ne trouuerez rien d'estrange en cette vnion immediate, puis-que rien ne la contrarie, & ne la trauerse, & que tout y semble contribuër.

Nonobstant cela, nos Aduersaires s'opiniastreront de dire qu'elle est impossible, sans nous en dire autre raison, sinon qu'ils ne la peuuent conceuoir. Mais nous ne leur voulons pas faire cét honneur, que de regler la possibilité des choses, aux bornes de leur conception. La petitesse de leur intelligence, ne diminuë rien du pouuoir de la Nature, ni de l'estenduë de ses operations. Si nous estions reduits à nier toutes les choses dont les hommes ne conçoiuent pas le moyen, il faudroit nier toutes les veritez Physiques: & il n'y auroit point de doctrine qui peust passer pour veritable, si pour toute raison à l'encontre, on estoit receu à dire, qu'on ne la peut pas comprendre.

De sorte que cette objection n'est pas assez forte, pour nous faire abandonner l'opinion commune, & nous faire ietter dans le party de ceux qui disent qu'il y a dans l'homme vne Ame sensitiue, & encore vne autre, qui n'estant ni corps, ni esprit, approchent de la nature de tous les deux, & seruent de lien pour vnir l'Ame spirituëlle au corps. D'autres disent, que du moins il y a dans toutes les parties de nostre corps, des formes partiales, qui pour estre corporelles, ne sont pas des corps; ainsi qu'elles pourroient fournir le moyen d'vnion que l'on nous demande. Ie ne m'arreste point à ces opinions, parce que la verité est icy tellement éuidente, qu'elle ne doit pas auoir recours à des sentimens particuliers, qui ne sont peut-estre pas veritables.

Voila ce que i'auois dessein d'écrire touchant la nature de l'Ame, ou plustost de l'Entendement, apres tant de sçauans hommes, qui en ont écrit plus au long, & qui ont monstré par cent sortes d'éleuations, qui fait cette faculté, & combien sa nature & sa condition sont esloignées de celles de la matiere.

Il resteroit maintenant d'examiner auec soin, les trois genres d'operations que fait l'Entendement, & toutes les Especes qui y sont comprises. Pour y bien reüssir, il faudroit faire vne nouuelle Logique. Il faudroit aussi, à cause de la liaison des matieres, parler du commerce qu'a l'Entendement auec la volonté, des actions de cette volonté, & de sa liberté. C'est ce que ie ne suis pas resolu de faire en ce volume. Ie voy qu'il est fort gros pour vn Liure de Philosophie en nostre langue : & ie sçay que la briefueté fait la principale recommandation mandatiō que puissent auoir des ouurages de cette sorte, & qu'il n'y a que cette raison qui engage beaucoup de François à les lire. Ils n'aiment la longueur, que dans les Romans: par tout ailleurs, elle leur est importune. Ainsi, ie prens resolution de m'accommoder à leur humeur, & de finir, apres auoir éclaircy vne seule difficulté, dont l'éclaircissement m'a semblé necessaire pour l'intelligence de diuerses choses que i'ay escrittes cy-dessus.

De l'action reciproque de l'Imagination, & de l'Entendement.

CHAPITRE X.

ENCORE que les facultez de nostre Ame ayent differentes façons d'agir les vnes sur les autres, ie n'estime pas que la phantaisie puisse agir sur l'Entendement, que par le moyen des objets qu'elle luy represente. Il est vray qu'elle ne connoist point d'objets, qui ne soient corporels, & que toutes les representations qu'elle en fait, sont materielles. Voila pourquoy on a establi vn intellect agent, qui rafine les Images, & les rend spirituëlles. Ie n'ay encore iamais bien examiné cette doctrine. Mais ie sçay bien qu'elle n'est pas necessaire pour l'explication de cette difficulté: Car comme Dieu a donné à nostre Ame, vne inclination pour le corps & pour l'vnion qu'elle entretient tant qu'elle peut auec luy: Aussi a-t'il donné à nostre Entendement, vn instinct de tout sçauoir, & de s'vnir par la connoissance, à tous les objets corporels. Et comme nous auons veu au Chapitre precedent, que nostre Ame, pour estre d'vne nature spirituëlle, ne laisse pas de s'vnir au corps, de le mouuoir, & d'agir sur ses facultez corporelles: De mesme, nostre Entendement, pour estre spirituël, ne laisse pas de s'vnir les Images corporelles, d'en faire son objet, & d'y agir par ses reflexions, & ses autres connoissances. Mais comme nostre Ame ne s'vnit à nostre corps, que d'vne façon spirituëlle, & qui n'est pas explicable: Ainsi, l'vnion de nostre Entendement auec les objets materiels, ne se peut pas bien exprimer, qu'en disant, qu'elle est spirituelle, & conforme à la nature de cette faculté.

Cela n'empesche pas que les objets corporels n'ayent beaucoup de pouuoir sur cette faculté immaterielle, & qu'elle ne se laisse persuader à toutes les representations que luy fait l'Imaginatiue, si ce n'est qu'elles repugnent aux Idées de l'Entendement. De ces Idées, les vnes luy sont naturelles, comme sont les premiers principes des sciences: il a formé les autres, par ses experiences & ses raisonnemens. Il se sert des vnes & des autres, pour examiner la verité de ce qui luy est representé par les sens. Que si le rapport qu'ils luy font, ne repugne ni aux principes de l'Intelligence, ni aux habitudes de la Memoire, il y acquiesce sans resistance. Et encore que ce rapport soit faux, il n'en peut pas connoistre la fausseté, à cause qu'il n'a pas la regle pour l'examiner, ni les principes de la chose, par lesquels il en faut iuger: ainsi il faut qu'il se laisse emporter à l'Imagination, & qu'il erre auec elle, si ce n'est que la souuenance d'en auoir esté trompé autrefois, luy fasse surprendre son iugement,

Y ij

iusques à ce qu'il ait acquis quelque nouuelle lumiere.

Mais, direz-vous, toutes les nouuelles lumieres de l'Entendement, ne sont-ce pas des conclusiõs qui sont déduites des principes naturels? Ne peut-il pas se seruir de ces principes, pour s'empescher d'estre surpris, & pour examiner la verité des representations qui luy sont faites? Ie respons qu'il y a souuent vne trop grande distance entre ces premiers principes, & les conclusiõs particulieres qu'il en faut déduire : On ne les peut ioindre, que par quelque milieu, qui ne se rencõtre pas tousiours. Nous le voyõs dans la Geometrie. Tout le monde en sçait les principes sans estude, & iuge par ces principes, de certaines demonstrations qui en sont immediatement déduites: mais il y a d'autres demonstrations si esloignées, que vous n'en sçauriez iuger par ces principes, si vous ne sçauez celles qui sont entre-deux.

Il y a donc de certaines occasions où l'entendement ne peut s'empescher d'estre trompé: il y en a aussi d'autres où il le veut estre. Il s'aueugle volontairement dans la recherche de la verité, & se trahit luy-mesme dans la deliberation qu'il fait pour se porter au bien, ou au mal. Il ferme les yeux à tout ce qui pourroit luy faire voir la verité, & le destourner d'vne mauuaise action: il en destourne sa veuë comme d'vn objet importun, & l'attache si fort sur les Idées dont il se veut seruir pour se tromper, qu'il les grossit à force de reflexions & se les attache si fort, qu'il ne voit plus les veritables, qu'au trauers de ce déguisement: Ainsi, il se persuade les erreurs les plus grossieres, & les plus contraires aux lumieres de la raison, iusques-là que ces lumieres s'y éuanouïssent à la fin, faute d'estre renouuellées par la meditation: ou si elles demeurent dans la memoire, elles perdent le chemin de l'Entendement, faute de luy estre representées.

Il y a d'autres rencontres où l'Entendement n'est point trompé; il ne laisse pas, neátmoins, d'y agir de la mesme façon, que s'il estoit trompé: cela vient de ce que nostre Ame, qui a de l'amour pour le corps, & pour ses facultez, en a aussi pour toutes les actions de ce corps, & pour toutes les inclinations corporelles: De-là vient vne complaisance, qui porte l'Entendement à

Y iij

consentir des actions qu'il n'approuue pas, & qu'il voudroit empescher: cela n'est pas vn effet de son iugement, mais simplement de sa sympathie auec le corps: ce consentement ressemble à celuy de ces hommes iudicieux, qui apres auoir dissuadé vn mauuais dessein à vn ami passionné, luy aident, enfin, par complaisance, à l'executer: cette mesme raison d'amitié que nostre Entendement a pour le corps, le porte à prester son secours & ses adresses, à l'execution d'vn dessein qui luy fait horreur.

Quelquesfois le corps s'y porte de luy-mesme, malgré les retenuës & les resistances de la Raison: vne terreur Panique emportera l'ame la plus resoluë, malgré le dessein & la volonté de tenir bon. Les fougues de la Phantaisie durant la colere, & quelques autres passions, ne forcent pas l'ame d'approuuer le mal qu'elle connoist estre mal; cela est impossible: mais elles la forcent de leur abandonner le corps, sur lequel nostre raison n'a pas maintenant vn empire absolu: Elle a, neantmoins, beaucoup de pouuoir sur le corps, & hors trois differentes rencontres, elle le gouuerne à son gré. Elle en auroit encore dauantage, si elle prenoit la peine d'accoustumer l'Imagination à estre obeïssante, & si elle luy en formoit l'habitude. Il faudroit aussi, pour cela, qu'elle destournast de bonne heure la phantaisie de dessus les objets dangereux, deuant qu'ils y eussent fortement imprimé leur idée, & qu'ils se fussent mis en pleine possession de cette faculté.

La premiere de ces trois rencontres qui font secouër à l'Imagination le ioug de la Raison, vient des passions dont nous auons desia parlé : car il est certain, qu'elles agitent si fort les Esprits du cerueau, qu'il n'y a ni iugement, ni resolution, qui les puisse retenir.

La seconde rencontre est celle des maladies d'Esprit, où les vapeurs qui montent au cerueau, y agitent les Esprits, & les mettent en confusion : elles y causent le mesme effet, que les vents impetuëux ont coutume de causer en l'air : elles y font vne tempeste, qui contraint, enfin, le iugement d'abandonner le gouuernail, & de laisser flotter les Esprits au gré d'vne imagination égarée.

La troisiesme rencontre, où la raison ne

peut maitriser la phantaisie, & luy faire executer ses ordres, est lors que la crainte ou la tristesse fixent & glacent tellement les Esprits, qu'ils demeurent immobiles : De-là vient que quelques vns ne peuuent fuïr, ou seulement s'escrier à la veuë des dangers, & que d'autres ne peuuent pleurer pour estre trop tristes, quelque volonté qu'ils en ayent. Mais hors ces trois occasions, l'Entendement gouuerne la phantaisie, & agit par son entremise, sur les autres facultez : Aussi est-ce vn ordre perpetuël, que les hautes facultez doiuent regir les inferieures. La rebellion que font quelquesfois les fonctions, qui deuroient estre soufmises, est vn desordre contre nature, comme les Philosophes Payens ont bien reconnu, encore qu'ils en ayent ignoré la veritable cause. Mais il reste encore de sçauoir la façon dont l'Entendement se sert, pour agir sur l'Imagination. Il est bien certain, que pour l'ordinaire, c'est en luy proposant des idées qui sont conformes à sa nature. Il se sert des idées, ou pour exciter cette imagination, ou pour la retenir, ou, enfin, pour la diuertir. Nous auons vn exemple du premier moyen, en ces personnes, qui voulant entreprendre quelque action dangereuse, à laquelle leur Imagination apporte de la repugnance, ils ne le peuuent faire sans la mettre en cholere; ils l'irritent, en l'attachant sur le souuenir d'vne offense receuë. Il y en a d'autres qui se seruent du mesme artifice, pour s'enhardir aux entreprises d'amour, en se representant l'idée d'vne belle maistresse.

Au contraire, quand on veut retenir vne phantaisie alarmée, il luy faut proposer quelque objet desagreable, & c'est l'artifice dont l'Entendement se sert, & dont se seruit vn certain personnage, qui estant à la gesne, retenoit son imagination de dire oüy, en la tenant continuëllement attachée sur l'idée d'vn bourreau & d'vne potence.

I'ay oüy parler d'vn autre, qui estant condamné à la mort, auoit paru fort constant & fort resolu. Ayant esté retiré du supplice par vn bon-heur extraordinaire, on luy demanda comment il auoit peû se resoudre à la mort? C'est, disoit-il, en n'y pensant pas, en diuertissant ma pensée sur des chimeres assez agreables. Ce n'est pas, disoit-il, que l'idée d'vne mort honteuse, ne vinst quelquesfois à la trauerse, interrompre ce diuertissement chimerique: mais elle me paroissoit si affreuse, que mon imagination s'en destournoit d'elle-mesme, aidant en cela, l'intention de ma volonté. Pour moy, ie ne doute point, que comme les craintes mediocres obligent de penser continuëllement à ce que l'on apprehende, celles qui sont excessiues au dernier degré, ne destournent l'imagination de dessus l'objet que l'on craint si fort, sur tout, lors que cette imagination est foible. I'ay veu vn plaideur, qui auoit vn procés, où il couroit danger de tout son bien : il m'entretenoit de l'apprehension de quelques incidens, qui luy donneroient bien de la peine. Ie luy demanday, n'apprehendez-vous point de perdre tout? Il me dit, que cette pensée de se voir chassé de sa maison, & dépoüillé de tout le reste de son bien, luy paroissoit accompagnée de tant de fascheuses idées, qu'il estoit impossible qu'il y arrestast son esprit, ni qu'il songeast à ce qu'il deuiendroit apres ce mal-heur. I'ay dit vne autre raison de ce mesme effet, en parlant cy-dessus du desespoir.

Pour reuenir à ce troisiesme moyen de gouuerner la phantaisie, qui est de la diuertir; il est certain que c'est le plus asseuré artifice, dont se puisse seruir nostre Entendement durant les passions. Ie l'ay éprouué durant cét excés de tristesse que nous cause la perte de nos Amis, & que ce diuertissement sert plus à la guérison de nostre douleur, que cette coustume importune de raisonner auec les personnes affligées, & de les contraindre de penser à leur mal; au lieu qu'estant seules, ou auec des gens qui leur parlent d'autre chose, elles se consolent en pensant ailleurs.

Outre cette façon d'agir de l'Entendement sur l'Imagination, par le moyen des objets, il faut qu'il y en ait encore vne autre qui soit immediate, & qu'il agisse quelquesfois d'authorité absoluë. Par exemple, lors qu'vn vaillant homme poussé du seul mouuement d'acquerir de l'honneur, va rechercher vne mort inéuitable: ou qu'vn Martyr va ioyeusement au supplice, inuité de l'esperance d'vne gloire dans le Ciel. En ces occasions, i'estime que nostre Entendemét remuë le corps & toutes les facultez corporelles, auec vn empire absolu. Il ne porte pas l'Imagination dans les tourmens, en recherchant son consentement, & taschant de luy faire agréer cette action par le moyen de quelque objet agreable : car tous les objets qui peuuent estre proposez pour inciter à cette action, sont des objets insensibles & spirituels, qui par consequent, n'ont aucun charme pour les sens, ni pour les facultez corporelles. De mesmes, lors que l'Entendement retient la phantaisie de iouïr de quelque objet agreable, estant luy-mesme retenu par des raisons toutes spirituelles, il est necessaire qu'il se serue d'vn empire absolu : car quand il voudroit faire seruir à cette retentió, quelques idées corporelles de la memoire, elles ne seroient point si fortes, que celles qui viennent des objets presens, & n'auroient point tant d'efficace à retenir l'Imagination, que celles-cy en ont à l'inciter. Apres tout, lors mesmes que l'Entendement propose à l'Imagination, des objets qui sont conformes à sa nature, il faut qu'il se serue de cette autre façon d'agir : car il ne pourroit pas autrement porter l'Imagination sur vn obiet, pluftost que sur vn autre, ni la diuertir par force, comme il fait de dessus la veuë d'vn obiet qui luy plaift, pour luy en propofer vn autre qui luy eft defagreable. Il faut que l'Entendement ait vne vertu d'agir immediatement fur les Efprits, & de les conduire fur l'endroit où repofent les Images dont il a befoin, ainfi que ie l'ay expliqué plus au long, en parlant de la Reminifcence Voila de quelle façon l'Entendement agit fur l'imaginatiue. Il nous refte de voir de quelle forte il agit fur les obiets, & fur les Efpeces qu'il en forme. Il nous refte auffi de faire le détail de toutes fes operations, & de toutes celles de la Volonté : c'eft ce qui nous fournira de la matiere pour vn fecond Volume.

F I N.

PRIVILEGE DV ROY.

OVIS par la grace de Dieu, Roy de France & de Nauarre; A nos amez & feaux Conseillers, les Gens tenans nos Cours de Parlement, Maistres des Requestes ordinaires de nostre Hostel, Baillifs, Seneschaux, Preuosts, leurs Lieutenans, & à tous autres nos Iusticiers, & Officiers qu'il appartiendra, SALVT. Nostre amé & feal Conseiller & Medecin ordinaire *le Sieur Chanet*, Nous a fait remonstrer, qu'il a composé vn Liure intitulé, *Traitté de l'Esprit de l'Homme, de ses fonctions, & de ses connoissances*; Lequel Liure il desireroit faire imprimer, s'il nous plaisoit de luy accorder nos Lettres sur ce necessaires. A CES CAVSES, Nous luy auons permis & permettons par ces presentes, de faire imprimer, vendre & debiter ledit Liure, en tous les lieux de nostre obeïssance, par tel Imprimeur, ou Libraire qu'il voudra choisir, en vn ou plusieurs Volumes, en telles marges & caracteres, & autant de fois que bon luy semblera, durant l'espace de sept ans entiers & accomplis, à compter du iour que chaque Volume sera acheué d'imprimer pour la premiere fois. Et faisons tres-expresses defenses à toutes personnes de quelque qualité & condition qu'elles soient, d'imprimer ou faire imprimer, vendre ni distribuër durant ledit temps, ledit Liure, ou par-

tté d'iceluy, en aucun lieu de nostre obeïssance, sous pretexte d'Augmentation, Correction, Changement de titre, fausses Marques, ou autrement, en quelque sorte & maniere que ce puisse estre, sans le consentement de l'Exposant, ou de ceux qui auront droit de luy, à peine de deux mil liures d'amende, payable par chacun des contreuenans, & applicable vn tiers à Nous, vn tiers à l'Hostel-Dieu de Paris, & l'autre tiers au Libraire que l'Exposant aura choisi, de confiscation des Exemplaires contrefaits, & de tous despens, dommages & interests. A condition qu'il sera mis deux Exemplaires dudit Liure en nostre Bibliotheque publique, & vn en celle de nostre tres-cher & feal le Sieur Seguier, Cheualier, Chancelier de France, auant que de l'exposer en vente, à peine de nullité des presentes. Du contenu desquelles, Nous vous mandons que vous fassiez iouïr, & vser pleinement, & paisiblement ledit Exposant, & ceux qui auront droit de luy, sans qu'il leur soit donné aucun empeschement. Voulons aussi qu'en mettant au commencement ou à la fin dudit Liure, vn Extrait des presentes, elles soient tenuës pour deuëment signifiées; & que foy y soit adjoustée, & aux copies collationnées par vn de nos amez & feaux Conseillers & Secretaires, comme à l'Original. Mandons au premier de nos Huissiers ou Sergens sur ce requis, de faire pour l'execution des presentes, tous exploits necessaires, sans demander autre permission. CAR TEL est nostre plaisir; nonobstant Clameur de Haro, Chartre-Normande, & autres Lettres à ce contraires. Donné à Paris le 27. iour de Mars, l'an de grace mil six cens quarante-huict. Et de noſtre Regne le cinquieſme.

Par le Roy en ſon Conſeil.

CONRART.

Et ledit Sieur Chanet a cedé & tranſporté ſon droict de Priuilege à Auguſtin Courbé, & Pierre le Petit, Marchands Libraires à Paris, ſuiuant l'accord, qui a eſté fait entr'eux.

Acheué d'imprimer, pour la premiere fois, le dernier iour de May 1649.

Les Exemplaires ont eſté fournis, ainſi qu'il eſt porté par le Priuilege.

TABLE DES MATIERES PRINCIPALES DE CE LIVRE.

A

Abeilles.

Quoy les Abeilles, & les fourmis sont redeuables de leur prudence, selon le sentiment d'Aristote. page 286

Actions

Des facultez, en combien de sortes peuuent estre déprauées. p. 299. 300. 301

Aduocat.

Pourquoy Montagne dit, que bien souuent vn Aduocat change d'opinion, & ce que c'est qui le fait changer. 299

Affliction.

Pourquoy elle donne de l'Entendement, selon la prophetie d'Isaïe. 286

Ame

Comment definie par quelques ignorans. 11

Si l'Ame est inseparable des organes corporels. 320

Doctrine des Epicuriens, & des Stoïciés sur ce sujet. 324

Diuerses opinions des Philosophes touchāt

Z

TABLE

l'immortalité, & le nombre des Ames. 320. *iusques à* 330.

Comment l'Ame qui est vne substance spirituelle, peut estre vnie immediatemēt à vne substance corporelle. 330.&c.

Appetit.

Ce que c'est que nous appellons l'Appetit sensitif. 69. 77

Et pour quelle chose il doit estre pris. *là mesme.*

De quelle façon l'Imagination agit sur l'Appetit. 71

Appetit du cœur, comment est aueugle. 76

Aristote.

Quels ont esté ses veritables sentimēs touchant l'immortalité de l'Ame, & l'eternité du Monde. 327

S'il a creu que le nombre des Ames fust infini. 328

Atheniens.

Philosophie, pourquoy odieuse aux Atheniens, & pourquoy ils chasserent Socrate. 323. 324

Attention.

Comment se fait l'Attention de la faculté. 58. 59.

Pour quelles fins se resserre l'Attention de la phantaisie. 59.&c.

Auersion.

Ce que c'est, & quelles sont ses especes. 90. 91. 92

Aueugle-né

de l'Euangile, commēt pouuoit dire qu'il voyoit des hommes cōme des arbres. 17. 18

B

Beze.

Pourquoy cet homme n'auoit plus de memoire les deux dernieres années de sa vie. 98. 99

C

Cerueau.

Ce que c'est propre-

DES MATIERES.

mēt que le Cerueau, & s'il s'amollit eſtāt peſtry par les eſpeces. 130
S'il a vne vertu particuliere que les autres choſes n'ōt point. 140
Quelles ſont les diſpoſitions qui ſeruent au cerueau, à retenir les eſpeces. 142
Comparé à vne fueille de papier. 145. 146
Pourquoy cōparé à vn palais de iuſtice. 128

Chōlere.
De quelles parties elle eſt compoſée. 86. 88.
A quelles ſortes de gens peut ſeruir cette paſſion. 209

Cire.
Si elle deuient plus humide lors qu'elle eſt pétrie. 130

Cœur.
Si c'eſt le principe cōmun de toutes les fonctions. 40. 41
Combien grande eſt la ſympathie du cœur & du cerueau. 81. 82

Connoiſſances.
En combien de ſortes diſtinguées dans les Eſcholes. 2
Ce que c'eſt proprement que connoiſſance en general. 1. 2. 52. 53

D

Deſir.
Si le Deſir eſt vne paſſion particuliere, ou non. 85
Quelle difference il y a entre le Deſir & l'Inclination. la meſme.

Diſcernement.
Commēt ſe fait le Diſcernement. 66. 67
Ce que c'eſt dans les animaux. la meſme.
Si le Diſcernement eſt vne action cōmune à l'Imaginatiue, & à l'Entendement. 306

E

Emulation
De quels mouuemens eſt compoſée. 86

Z ij

TABLE

Enfans.
Pour quelle raison les Enfans ne retiennent rien. 125. 128

Engin.
D'où nos Peres ont tiré ce mot, que nous auons changé en celuy de Genie. 28

Entendement.
En quoy il differe de la phantaisie, & si c'est vne autre faculté. 259. 260. 261
Si c'est vne difference de degrez ou nó. 262
Quel temperament on attribuë à l'Entédemét. 282. 823. & suiu.
En combien de sortes l'Entendement agit sur la volonté. 284
Quel organe on attribuë à l'Entendement. 290. 291. & sui.
Estat de la question entre les Peripateticiens, & les Galenistes, en ce qui est de la déprauation des actions de l'Entendement. 298
Examen de l'exemple qu'apporte Galien, pour monstrer que l'Entendement peut estre malade, sans que l'Imagination le soit. 303. & sui.

Epicuriens
Pourquoy contredisoient l'Immortalité de l'Ame. 324

Especes
Intentionnelles, pourquoy ainsi appellées, & la preuue de leur existence. 2. 3. 4
Pourquoy les Especes durent si long-temps en la Memoire, veu qu'elles se perdent si viste par tout ailleurs. 138. Si ce sont seulement des atomes. 139

Esperance
Que doit supposer. 89

Esprit.
Que signifie ce terme en sa signification originelle.

DES MATIERES.

Ce que c'eſt qu'auoir de l'Eſprit en François. 10

Quel eſt le veritable vſage des Eſprits animaux. 11. 12. 13

Ce que font les Eſprits au regard des eſpeces dans nos organes. 14

Eſtincelles

Qui paroiſſent aux yeux quand on reçoit quelque coup, quelles. 18

Examinateur

des Eſprits, quel, & de quelle authorité. 132

F

Facultez.

S'il y a meſme difference entre les facultez, qu'entre leurs obiets formels. 263. 264

G

Genie.

Quelle eſt proprement la faculté que nous appellons de ce terme. 28

Et ce que c'eſt que de n'auoir point de Genie, & d'auoir vn grand Genie. 29

Geometrie.

D'où vient que chacun ſçait les principes de la Geometrie ſans eſtude. 340

H

Habitudes.

S'il y a des habitudes ſans connoiſſance. 221

Honte.

Ce que c'eſt que la honte. 486

Huyle.

Comment il empeſche que les tableaux ne s'effacent. 131

Et s'il rend les vieux characteres plus liſibles. *là meſme,* & 132

I

Ialouſie.

De quelles autres paſſions, elle eſt compoſée. 86

Z iij

TABLE

Idées de nostre Entendemét, quelles, & de combien de sortes. 6

Comment l'idée generale nous fait reconnoistre les particulieres. 256

Images.
Pourquoy elles s'attachent plutost à la memoire, qu'à aucun autre suiet. 134

Imagination
Pourquoy ainsi nommée. 25. 26

Si elle reside aux esprits du cerueau, & s'ils en sont le principal organe. 30. *& suiu.*

Quel est son propre organe. 40

En quel endroit du cerueau elle reside. 41

Si l'Imaginatió a quelque estenduë, ou non. 44

Quel est son temperament. 45. *& sui.*

De sa premiere operation. 50. & sui.

Si l'Imagination peut cónoistre deux choses en mesme temps. 69.

Si toutes les Images se penetrent, & sont dans vn mesme point de la Memoire. 159. & suiuans.

Si elles se logent par ordre, & par lieux communs. 169. *& sn.*

Si le Iugement fait cét ordre. 171

Imagination & Memoire comparées à deux chambres. 213

Pourquoy l'Image que nous cherchons, se presente d'ordinaire plustost qu'vne autre. 214

Comparaison de l'Imagination auec vn Escholier en Droict, & vn homme d'affaires. 217

Ce que c'est en nous. 263

Action reciproque de l'Imagination, & de

DES MATIERES.

l'Entendement. 337
Impreſſion
habituelle, chez Ariſtote, que c'eſt. 126
Ingenium.
Que ſignifie proprement ce terme, & comment les Latins s'en ſeruent. 28
Intention
Quelle ſorte de connoiſſance chez les Philoſophes des ſiecles barbares. 2
Iules
Ceſar, en quel endroit dōna des preuues de ſa cruauté. 277. 278

L

Lumiere.

Comment ſe retrouue dans nos Eſprits, & dequoy elle ſert à l'Imagination. 15. 16. 17. 18. 19
Lunettes.
Cóment elles prouuét l'exiſtence des eſpeces intentionnelles. 3

M

Memoire.
En quoy differente de l'Imagination, & ſi l'vne peut eſtre ſans l'autre. 94. 95. *& ſui.*
S'il ſe fait quelque connoiſſance, & quelque diſcernement dans l'organe de la Memoire. 108
Où ſe fait la retention des images de la Memoire. 114
Quel eſt le propre organe de la Memoire, & s'il ſe peut nommer tel. 121
Pourquoy la partie de la teſte où elle eſt logée, a plus de fermeté. 123
Pourquoy ſon ventricule n'eſt pas reueſtu de membranes. 124. 128
Quel eſt le temperament de la Memoire. *là meſme, & ſuiu.*
Opinion d'Ariſtote ſur

Z iiij

TABLE

ce sujet. 125.126
Quel est son vray vsage. *la mesme.*
Ce que c'est proprement que nostre memoire. 135
Pourquoy nous ne pouuons pas perdre la memoire des choses que nous voulons oublier. 136
Combien long-temps les Especes subsistent en la memoire. 137. 138
Si ce sont les seules figures des obiets qui sont retenuës en la memoire. 145
Ce que c'est que la memoire, selon l'opinion de Campanelle. 158
Comparaison de la memoire auec vn Libraire. 176
Memoire confuse semblable à vne Bibliotheque bien arrangée. 177
S'il y a diuerses images d'vn mesme obiet en differens endroits de la memoire. 178
Comment elle se fortifie. 183.184. *& suiu.*
Si la memoire peut estre déprauée. 189
Comparée à la cire. 190
A vn sac & à vne chambre. *la mesme,* & 191
Comment les images de la Memoire sont representées à l'Imagination. 203

Miroirs.
Comment ils prouuent l'existence des especes intentionnelles. 3

Montagne.
Censure des liures de cét Autheur. 174

Mouuement.
Comment se font les mouuemés de la nature. 223

N

Nouueautez.
D'où vient l'inclination aux nouueautez. 265. 269. & suiuans.

DES MATIERES.

O

Oesophage.
Ou Oesophague, ce que c'est chez les Medecins. 110. 111

Organe.
Si l'Organe est vne mesme chose, auec la faculté dont elle est l'organe. 30. 31

P

Passions.
Pourquoy particulierement elles se connoissent, & où elles se formẽt. 78. 79. 80
Comment elles se forment. 84. *& suiuans.*

Petits-mondes.
Pourquoy ainsi appellez, & si ils possedent les bonnes qualitez du grand monde. 14. & 15

Phantaisies,
& Phantosmes, quels, & d'où sont tirez ces termes selon Aristote. 25
Combien ce terme alteré sa signification en nostre langue. 28
En quel lieu la Phantaisie doit estre. 42
Quelle sympathie a la veuë auec la phantaisie. 29. 42
Si elle consiste en vn poinct. 44
Moyens dont se sert l'Entendement, pour gouuerner la phantaisie, quels, & en quel nombre. 343. 344. & suiuans.

R

Raison.
Pourquoy l'action de la Raison ne peut estre blessée. 312

Raisonnement.
Quelles sortes de connoissances se doiuent rencontrer dans le Raisonnement. 239. 240

Reminiscence.
De quelle façon on reüssit le mieux en la

TABLE

Reminiscence. 184. 197
Ce que c'est propre‑
ment que la Reminis‑
cence. 192
Si elle est vn syllogis‑
me, & si l'homme seul
s'en peut seruir. 194
Estenduë de la signifi‑
catiō de ce terme. 195
Combien il y a de diffe‑
rentes sortes de Re‑
miniscence, & com‑
mēt elles se font. 196
Si les images sortent de
la Memoire pour
faire la Reminiscen‑
ce, ou non. 198. 199.
& suiuans.
Si en la Reminiscence il
se fait quelque mou‑
uement local des es‑
peces. 202
Des quatre sortes de
Reminiscence. 225.
226. & suiu.

S

Sechereſſe.
Cōbien necessaire pour
la Memoire, & s'il
faut de la chaleur. 132
Quelle sorte de qualité
c'est. 283. 284. 308

Sens.
Des sens externes. 6. 7. 8
Du Sens commun. 21
Ce que c'est propre‑
ment en François. 22
& ce que nous en‑
tendons par ce ter‑
me, & ce que c'est en
l'Eschole. *là mesme,
& suiuans.*
En quoy il differe des
sens externes. 23. 24
Pourquoy nous le rece‑
uons pour vne facul‑
té distincte de l'ima‑
ginatiue. 24. 25

Sentiment.
Ce que c'est propre‑
ment que le Senti‑
ment, & dequoy il
est cōposé. 54. 55. 56
Pourquoy il n'est pas
possible de le bien
définir. 65. 66

Socrate
Dequoy accusé, & par
qui condamné. 323.
324. 325.

DES MATIERES.

Stoïciens.
Pourquoy ces Philosophes changerent l'opinion qu'ils auoient de l'immortalité de l'Ame. 324. 325

Subnotion.
Quelle sorte de connoissance. 156
Que signifie ce terme chez Fracastor. 240

Substance.
Substance celeste en nous, quelle, & pourquoy ainsi appellée. 15

Syncope.
En quoy different la syncope & l'apoplexie. 311

V

Vertige
Ce que c'est proprement selon la plus commune opinion. 39. 43

Vins
Les plus forts desalterent d'abord, & puis apres causent vne nouuelle alteration. 49

Fin de la Table des Matieres.

ERRATA.

Page 31. ligne 18. *lisez* defectuositez differentes. p. 52 l. 9. *lisez*, vegetatiues. p. 57. l. 2. *lisez*, de son objet, qu'elle ne l'ait connu auparauant. p. 141. l. 9. *lisez*, leur nature. p. 176. l. 4. *lisez*, digressions. p. 185. l. 14. *lisez*, par le trop. p. 256. l. 6. *effacez*, car. p. 268. dans le titre, *lisez*, de quelle faculté. p. 281. l. 2. *lisez*, Ilion. p. 286. l. 5. *lisez*, forger. p. 301. l. 14. *lisez*, different. p. 306. l. 7. *lisez*, il n'y auroit point de fous qui fussent malades d'Imagination, parce qu'il n'y en a point. p. 325. l. 4. *lisez*, il auroit. p 336. l. 12. *effacez* &. p. 339. l. 27. *lisez*, suspendre.

www.ingramcontent.com/pod-product-compliance
Lightning Source LLC
Chambersburg PA
CBHW050536170426
43201CB00011B/1446